Thomas Münster

# Die optimale Rechtsform

*Für Caterina*

Thomas Münster

# Die optimale Rechtsform

Praxistipps und Checklisten für die beste Entscheidungsstrategie
Rechtsfragen, Gründung, Formalitäten, Steuern

REDLINE WIRTSCHAFT

**Bibliografische Information der Deutschen Nationalbibliothek**
Die Deutsche Nationalbibliothek verzeichnet diese Publikation in der Deutschen Nationalbibliografie.
Detaillierte bibliografische Daten sind im Internet über http://dnb.d-nb.de abrufbar.

ISBN-10: 3-636-01358-0
ISBN-13: 978-3-636-01358-3

**Unsere Web-Adresse:**
www.redline-wirtschaft.de

6. Auflage 2006



Umschlaggestaltung: Vierthaler & Braun, München
Umschlagabbildung: Getty Images
Satz: Redline GmbH, J. Echter
Printed in the Netherlands

# Inhaltsverzeichnis

# Anmerkung

Um das Arbeiten mit diesem Buch für Sie möglichst einfach und effizient zu gestalten, haben wir wichtige Textpassagen mit folgenden Icons gekennzeichnet:

Achtung wichtig!

Stolperstein

Das sollten Sie auf jeden Fall vermeiden!

z.B. Beispiel

Tipp Tipp

# Vorwort – das Buch stellt sich vor

Von Steuern und Haftung reden alle, wenn es um die richtige Rechtsform für das Unternehmen geht. Doch es steht viel mehr auf dem Spiel. Welchen Aufwand Gründung, Verwaltung oder Buchführung erfordern, ob das Unternehmen seine Zahlen veröffentlichen muss, auch das hängt von der Rechtsform ab. Und sie prägt das Image des Unternehmens: „Aktiengesellschaft" vermittelt eben eine andere Botschaft als „OHG". Die Rechtsform legt die Rollen fest, in denen der Unternehmer selbst auftreten kann, ob als Einzelkämpfer oder mit Partnern, ob als Kaufmann, Geschäftsführer, Vorstandssprecher oder vielleicht nur als Drahtzieher im Hintergrund. Auf die Rechtsform kommt es auch an, wenn das Unternehmen Kapital fürs Wachstum braucht, wenn es Mitarbeiter durch Beteiligung motivieren will, ebenso bei Verkauf oder Regelung der Nachfolge.

Wer die optimale Rechtsform sucht, muss zunächst wissen, welche Rolle jeder dieser Gesichtspunkte für sein Unternehmen spielt. Das vorliegende Buch hilft, diese Frage zu beantworten. Die Antwort sagt dem Unternehmer, worauf es bei der Auswahl der Rechtsform speziell für sein Unternehmen ankommt.

Der zweite Schritt ist die Wahl der Rechtsform. Hierzu stellt das Buch die verschiedenen Möglichkeiten vor und sagt, was jede von ihnen im Hinblick auf die einzelnen Gesichtspunkte zu bieten hat.

Das Buch wendet sich an alle, die überlegen, ob ihr Unternehmen wirklich (noch) die optimale Rechtsform hat; an alle, die vorhaben, ein Unternehmen zu gründen, sich beruflich mit anderen zusammenzuschließen oder sich als Existenzgründer selbstständig zu machen.

Behandelt werden das Einzelunternehmen und die verschiedenen Gesellschaften, also GbR, OHG, KG, Partnerschaft, GmbH und AG. Außerdem geht das Buch auf Rechtsformen aus anderen EU-Ländern ein, die seit den einschlägigen Urteilen des Europäischen Gerichtshofs in Deutschland mit den deutschen Rechtsformen konkurrieren dürfen. Ausführlich wird die britische Limited dargestellt. Zur Sprache kommt auch die Gemeinschaft, die häufig übersehene Möglichkeit eines lockeren Zusammenschlusses.

Schließlich werden Vorteile, Kosten und Risiken beim Kauf einer schon fertig gegründeten Gesellschaft erörtert und die Rechtsform GmbH & Co. KG sowie die stille Beteiligung erläutert.
Das Buch ist auf dem Stand der Gesetzgebung und Rechtsprechung vom 1. September 2006.

# Einleitung – eine Art Gebrauchsanweisung

Dieses Buch besteht aus drei Elementen. Da gibt es zunächst das Kapitel „Die Prüfpunkte“. Es listet die Kriterien für die Auswahl der Rechtsform auf und erläutert, worum es dabei jeweils geht. Dies erlaubt dem Leser die für seine Pläne wichtigen Entscheidungskriterien auszuwählen und zu gewichten. Die Lektüre dieses Kapitels ist fast unverzichtbar für das Verständnis der übrigen.
In den folgenden Kapiteln werden die verschiedenen Rechtsformen vorgestellt. Dies geschieht zwar mit Blick auf die Auswahlkriterien, aber die Gliederung der Kapitel folgt im Interesse der Verständlichkeit nicht Punkt für Punkt der Prüfliste. Dies ist bei dem dritten Element, der Checkliste am Ende jedes Kapitels, der Fall. Sie erläutert für jede Rechtsform kurz zusammengefasst, wie sie sich anhand der Prüfkriterien darstellt. Die einzelnen Kriterien sind natürlich nicht gleichgewichtig. Meist wird die Auswahl durch einige wenige bestimmt, vor allem durch die Fragen der Haftung, Besteuerung und Nachfolgeregelung. Aber wo die Entscheidungssituation eher unklar ist – auch das ist keine Seltenheit –, können auch unwichtigere Kriterien den Ausschlag geben.
Die Prüfberichte informieren außerdem schnell darüber, welche Rechtsformen überhaupt für welche Fälle in die engere Wahl kommen. Wer nicht das ganze Buch lesen will, kann sich hier also rasch orientieren, welche Kapitel er sich für die Beantwortung seiner Fragen genauer vornehmen muss.

# Abkürzungen und Begriffe

| | |
|---|---|
| AG | Aktiengesellschaft |
| AGB | Allgemeine Geschäftsbedingungen |
| BGB | Bürgerliches Gesetzbuch |
| Einlage | Der Anteil eines Gesellschafters am Kapital |
| Firma | Der Name des kaufmännischen Unternehmens |
| GbR | Gesellschaft des bürgerlichen Rechts, auch BGB-Gesellschaft |
| GmbH | Gesellschaft mit beschränkter Haftung |
| HGB | Handelsgesetzbuch |
| Kapitalgesellschaft | GmbH, AG |
| KG | Kommanditgesellschaft |
| Komplementär | Persönlich haftender Gesellschafter der OHG und KG |
| Ltd. | Limited |
| OHG | Offene Handelsgesellschaft |
| Personengesellschaft | GbR, Partnerschaft, OHG und KG |
| Personenhandelsgesellschaft | OHG und KG |

# Teil 1:

# Die Prüfpunkte – worauf es ankommt

Eigentlich sollte die Entscheidung für die richtige Rechtsform nicht schwer fallen, denn das Angebot ist begrenzt. Die Auswahl reduziert sich weiter durch die Vorgabe, ob solo oder im Ensemble gearbeitet werden soll. Was dann übrig bleibt, weist häufig recht markante Unterschiede auf, die eine schnelle Wahl erleichtern – so sieht es wenigstens auf den ersten Blick aus. Tatsächlich verlieren diese Merkmale bei genauerem Hinsehen oft ihre scharfen Konturen.

z.B. Nehmen wir als Beispiel die Haftungsbeschränkung der GmbH: Sie bietet dem GmbH-Unternehmer keineswegs Rundumschutz gegen alle Haftungsmöglichkeiten. Trotzdem gibt sie bei manchen Risiken brauchbare Sicherheit, man muss nur wissen bei welchen.

Noch schlimmer sieht es mit den Steuern aus, für viele das Entscheidungskriterium Nummer eins. Weil die Unternehmensbesteuerung von der Rechtsform abhängt, aber trotzdem ein gewisser Ausgleich geschaffen werden soll, haben wir als Ergebnis ein Durcheinander, bei dem die Birne für die eine Rechtsform gerechtigkeitshalber bei der anderen durch einen Apfel ausgeglichen wird. Beide lassen sich bekanntlich sehr schlecht vergleichen. Konkret heißt das: Ohne präzise Rechnerei im Einzelfall – und das bedeutet praktisch meist: ohne Steuerexperten – lassen sich hier nur Eckwerte nennen. Beim steuerlichen Vergleich der GmbH mit anderen Rechtsformen zum Beispiel kann es in bestimmten Konstellationen passieren, dass, abhängig von der Höhe des Unternehmensgewinns, mal der eine Konkurrent die Nase vorn hat, mal der andere. Ob die Unternehmenssteuerreform, die derzeit ausgebrütet wird, an diesem Problem wirklich etwas ändert, bleibt abzuwarten.

Auch abgesehen davon, dass das jeweilige steuerliche Optimum schon deswegen schwer zu erreichen ist, weil die ständigen Änderungen der Steuergesetze laufende Korrekturen der Rechtsform verlangen würden, empfiehlt es sich, die anderen Gesichtspunkte nicht unterzubewerten. Das rechtliche Gewand für das Unternehmen muss auch dem Unternehmer persönlich passen – jedenfalls solange es die Größe des

Unternehmens noch nicht erlaubt, die Rechtsformverwaltung an Spezialisten zu delegieren.

> ! Dies alles hat zur Konsequenz, dass eine Entscheidung nur aufgrund einer persönlichen Prioritätenliste gefunden werden kann.

Damit Sie eine solche erstellen können, informiert dieses Kapitel über alle wesentlichen Gesichtspunkte, die für die Entscheidung über die Rechtsform interessant sein können, und darüber, ob, warum und für wen sie eine Rolle spielen.

# Für wen kommt die Rechtsform in Frage?

Nicht alle Rechtsformen stehen allen Berufen offen. Eine OHG kann nur für ein Handelsgewerbe gegründet werden, nicht für eine freiberufliche Tätigkeit, ein Kaufmann andererseits kann sein Unternehmen nicht als GbR führen und die Partnerschaft ist den freien Berufen reserviert. Es ist deshalb wichtig zu wissen, welche Tätigkeiten diesen Gruppen zugerechnet werden. Besonders für die Besteuerung kommt es außerdem oft darauf an, ob jemand „selbstständig tätig“ ist.

## Wer ist Freiberufler?

Die Beantwortung dieser Frage hat der Gesetzgeber ausnahmsweise einmal leicht gemacht. Er gibt in § 1 Partnerschaftsgesellschaftsgesetz Auskunft, wer dazugehört. Das sind die Angehörigen folgender Berufe, vorausgesetzt, sie sind selbstständig tätig: Ärzte, Zahnärzte, Tierärzte, Heilpraktiker, Krankengymnasten, Hebammen, Heilmasseure, Diplom-Psychologen, Mitglieder der Rechtsanwaltskammern, Patentanwälte, Wirtschaftsprüfer, Steuerberater, beratende Volks- und Betriebswirte, vereidigte Buchprüfer (vereidigte Buchrevisoren), Steuerbevollmächtigte, Ingenieure, Architekten, Handelschemiker, Lotsen, hauptberufliche Sachverständige, Journalisten, Bildberichterstatter,

Dolmetscher, Übersetzer und ähnliche Berufe sowie Wissenschaftler, Künstler, Schriftsteller, Lehrer und Erzieher.

## Wer ist selbstständig tätig?

Das sind in erster Linie die Freiberufler, es gibt aber auch andere Tätigkeiten, die dazugerechnet werden, etwa die des Testamentsvollstreckers, des Vermögensverwalters oder des Auktionators.

## Wer ist Gewerbetreibender?

Gewerbetreibender im Sinne des Handelsrechts (nicht unbedingt des Steuerrechts) ist, wer als Selbstständiger seine Brötchen verdient, ohne freiberuflich tätig zu sein. Die Rechtsformen OHG und KG können nur Gewerbetreibende wählen und nur sie haben die Möglichkeit (oder Pflicht), sich als Kaufmann ins Handelsregister eintragen zu lassen.

## Für wen gilt das Handelsrecht?

! Es hat weit reichende Konsequenzen, wenn der Unternehmer als Kaufmann gilt und damit unter das Handelsrecht fällt: Sein Unternehmen wird ins Handelsregister eingetragen. Auf allen Geschäftsbriefen muss das Unternehmen neben der Firma, also dem offiziellen Namen, die Rechtsform, den Sitz und die Registernummer angeben. Das kann durchaus erwünscht sein, gibt es doch dem Unternehmen einen seriösen Anstrich. Schwerwiegender und manchmal auch lästiger ist die Pflicht, die Bücher nach HGB-Regeln zu führen. Da genügt die schlichte Gewinn-und-Verlust-Rechnung nicht mehr. Die Verletzung dieser Pflicht ist sogar strafbar, wenn es zur Insolvenz kommt.

Auch sonst gelten für Kaufleute oft Sonderbestimmungen. So wird ihnen mehr wirtschaftliche Selbstverantwortung abverlangt als gewöhnlichen Sterblichen. Viele Verbraucherschutzbestimmungen wie

etwa die Regeln über Haustürgeschäfte oder Verbraucherkredite helfen ihnen nicht. Bürgschaften können sie auch mündlich wirksam abgeben. Der Normalbürger muss das schriftlich tun, was – so stellt sich das Gesetz das wenigstens vor – einen gewissen Schutz vor übereilten Entscheidungen gibt.
Für die Beantwortung der Frage, wer Kaufmann ist, gelten folgende Regeln:

- Sie betreffen bei Einzelunternehmern nur Gewerbetreibende. Diese sind grundsätzlich Kaufleute, es sei denn, ihr Unternehmen erfordert nicht „nach Art oder Umfang einen in kaufmännischer Weise eingerichteten Geschäftsbetrieb".
  *Im Klartext:* Wer sehr einfach strukturierte und überschaubare Geschäftsbeziehungen hat, ist auch bei hohem Umsatz kein Kaufmann, ebenso wie ausgesprochenes Kleingewerbe. Schon ein Lebensmittelhändler wird wegen der großen Zahl von Waren und Lieferanten meist Kaufmann sein. Diese Unternehmer sind Kaufleute, egal, ob sie im Handelsregister stehen oder nicht. Sie sind allerdings verpflichtet, sich dort eintragen zu lassen.
- Kleingewerbetreibende (nicht aber Freiberufler) haben die Wahl, ob sie sich als Kaufmann ins Handelsregister eintragen lassen. Überlegen sie es sich anders, können sie die Eintragung auch wieder streichen lassen. Solange sie allerdings im Register stehen, sind sie Kaufleute mit allen Rechten und Pflichten.
- Sonderbestimmungen gelten für Betriebe der Land- und Forstwirtschaft. Sie müssen sich auch dann nicht eintragen lassen, wenn sie die entsprechende Betriebsgröße haben. Sie dürfen aber. Dann kommen sie vom Kaufmannsstatus aber nur noch los, wenn das Unternehmen so weit geschrumpft ist, dass es keinen „in kaufmännischer Weise eingerichteten Geschäftsbetrieb" mehr benötigt. Kleinbetriebe können sich nicht eintragen lassen.
- OHG und KG sind den Kaufleuten vorbehalten, für Freiberufler also tabu. Neu ist hier die Möglichkeit für Kleingewerbetreibende, eine OHG oder KG zu gründen. Bisher gab es für sie nur die GbR.

- Wichtig ist, dass GmbH und AG per se als Kaufleute gelten, egal, womit sie sich befassen. Das gilt auch für Freiberufler-Gesellschaften.

## Wie sieht es mit der Haftung aus?

Eine der wichtigsten Fragen bei der Wahl einer Rechtsform ist, ob und wie weit sie den Unternehmer vor persönlicher Haftung schützt. Um dies beantworten zu können, muss zwischen den verschiedenen Haftungsrisiken unterschieden werden, denn zum einen gelten für sie unterschiedliche Regeln, zum anderen hat jede Unternehmensart ihre spezifische Risikokombination. Die wichtigsten Haftungsrisiken sollen kurz vorgestellt werden, damit dem Kriterium Haftungsbegrenzung das angemessene Gewicht für die eigene Entscheidung zugeordnet werden kann.

### Vertragshaftung

Der Unternehmer hat dafür einzustehen, dass er seine Verträge erfüllt, und zwar korrekt: Ist das Dach, das er gebaut hat, nicht dicht, rührt sich das Auto, das er verkauft hat, nicht von der Stelle, so haftet er. Das kann – etwa bei Baumängeln oder bei falscher steuerlicher Beratung eines großen Unternehmens – ruinös sein.

Das Risiko ist je nach Tätigkeit sehr unterschiedlich. Wo das Haftungsrisiko sehr hoch ist, kann sich der geschäftliche Bankrott mit einem Schlag realisieren. Während man bei wirtschaftlichen Schwierigkeiten noch versuchen kann auszusteigen, bevor die Schulden zu hoch sind, hilft gegen diesen Haftungstyp auch vorsichtige Geschäftspolitik nicht.

Eine Milderung der Gefahr durch Verträge oder Versicherungen ist zum Teil möglich. Die Wahl der Rechtsform kann die persönliche Haftung des Unternehmers ausschließen.

## Wirtschaftliche Leistungsfähigkeit

Seine Verpflichtungen zu erfüllen ist allein Sache und Problem des Unternehmers. Warum er die Kredite nicht bedienen, Mieten, Gehälter oder Versicherungsprämien nicht zahlen kann, muss niemanden interessieren. Ob die Geschäfte nicht laufen wie erwartet oder die Fabrik abbrennt, ob die Konjunktur oder die Wechselkursentwicklung alle Pläne über den Haufen werfen – das alles spielt keine Rolle. Hier zählt keine Ausrede, das Gebot heißt: Geld muss man haben, und zwar so viel, dass man die ganze Zeche bezahlen kann, ohne Limit. Auch das wirtschaftliche Risiko unterscheidet sich je nach Tätigkeitsgebiet erheblich.

Vor dem Risiko, bei wirtschaftlichem Schiffbruch bis an sein Lebensende in Schulden zu schwimmen, schützt eine Rechtsform mit Haftungsbeschränkung – aber nur soweit der Unternehmer nicht aus anderen Gründen haftet. Dazu gleich mehr.

## Euro-Produkthaftung

Das Produkthaftungsgesetz von 1989 stellt die Umsetzung einer Richtlinie der Europäischen Union in deutsches Recht dar.

Es bestimmt, dass der Hersteller, unter Umständen auch der Importeur oder Händler, für Personen- und Sachschäden haftet, die ein Fehler seines Produktes oder der Gebrauchsanleitung verursacht. Auf ein Verschulden kommt es nicht an.

Nur wenn zur Zeit der Auslieferung nach dem Stand von Wissenschaft und Technik der Fehler überhaupt nicht und für niemanden erkennbar war, scheidet diese Haftung aus. Dass die entsprechenden Informationen für den Unternehmer noch nicht zugänglich waren, hilft ihm nicht.

Diese Haftung kann vertraglich nicht eingeschränkt werden, aber die GmbH etwa bietet dagegen Schutz.

## Deutsche Produkthaftung und mehr

Neben der Euro-Produkthaftung gelten zusätzlich die leicht, aber entscheidend abweichenden Regeln für die Produkthaftung, welche die deutschen Gerichte schon vorher aufgestellt hatten. Dieses Nebeneinander ist vielleicht etwas verwirrend, aber an seiner Darstellung führt kein Weg vorbei, denn in diesem Punkt kann man sich durch die Wahl der Rechtsform nur sehr bedingt absichern.

Diese Produkthaftung setzt Verschulden voraus. Dazu gehört, dass das Unternehmen überhaupt eine reelle Chance hatte, die Gefährlichkeit zu erkennen.

Diese hatte es nicht, wenn gerade erst ein Wissenschaftler dem Problem auf die Spur gekommen ist, ohne seine Entdeckung schon publiziert zu haben, oder wenn die Veröffentlichung nur auf Chinesisch vorliegt (das könnte allerdings – um eine kleine Spitzfindigkeit einzufügen – für ein Unternehmen, das in China aktiv ist, anders aussehen). Das Unternehmen haftet also für erkennbare Fehler, dafür, dass Entwicklung, Produktion und Kontrolle so organisiert sind, dass der Kunde geschützt ist, und auch dafür, dass der Kunde vor den Gefahren gewarnt wird, wenn diese nach Verkauf des Produktes bekannt werden. Bei der Haftung nach Euro-Recht ist das Unternehmen dann auf der sicheren Seite.
Die deutsche Produkthaftung trifft alle Verantwortlichen im Unternehmen, die Geschäftsleitung, aber etwa auch Entwicklungsingenieure. Die GmbH schützt dagegen nur bedingt, nämlich die Gesellschafter, die sich in die Geschäftsführung nicht einmischen. Der GmbH-Unternehmer dagegen, der gleichzeitig Geschäftsführer ist, haftet auch persönlich voll.

Dieser Grundsatz – persönliche Haftung bei Verschulden eines jeden Verantwortlichen ohne Schutzmöglichkeit durch eine Rechtsform – gilt auch für die sonstige Haftung wegen Verletzung von Körper, Sachen, Ehre, wegen vorsätzlicher sittenwidriger Schädigung, also für den Bereich der so genannten Deliktshaftung (im Unterschied zur vertraglichen Haftung).

## Strafrecht

Natürlich schützt gegen strafrechtliche Verantwortlichkeit keine Rechtsform. Auch hier ist dran, wer die persönliche Verantwortung für die Straftat trägt. Selbstverständlich muss der Unternehmer nicht für Delikte seiner Untergebenen einstehen, die er weder kannte noch kennen musste – unabhängig von der Rechtsform. Aber er kann sich nicht ohne weiteres darauf herausreden, er habe von nichts gewusst.

# Handhabbarkeit

Je weniger Aufmerksamkeit und Energie eine Rechtsform verlangt, desto komfortabler ist sie. So gesehen ist das Einzelunternehmen das Optimum. Der Unternehmer kann sich ganz auf seine wirtschaftlichen Aufgaben konzentrieren, er wird nicht von Formalien und Abstimmungsnotwendigkeiten belästigt. Den Gegenpol bilden die Kapitalgesellschaften.

**!** Sie stellen Anforderungen an die Handhabung, die nichts mit ökonomischen Gesichtspunkten zu tun haben, deren Missachtung aber persönliche Haftung nach sich zieht und unter Umständen sogar den Staatsanwalt auf den Plan ruft. Beispielsweise muss Insolvenz schon angemeldet werden, wenn die Schulden das Aktivvermögen übersteigen, selbst wenn die Gesellschaft noch überlebensfähig ist. Dieser formelle Aspekt muss also neben der rein unternehmerischen Entscheidung über die Zukunft der Firma beachtet werden.

Wichtig kann hier auch sein, wie einfach oder aufwändig der Geldtransfer vom Privatvermögen ins Betriebsvermögen und umgekehrt ist: Kann ich meine Urlaubsreise einfach durch einen Griff in die Kasse finanzieren? Immerhin gehört das Unternehmen mir! Oder empfiehlt es sich, dem Betrieb kurzfristig mit einer Geldtransfusion aus der Klemme zu helfen? Bei der GmbH beispielsweise kann es da Probleme geben. Und natürlich sieht die Sache bei einem Einzelunternehmer anders aus als bei einer Gesellschaft, wo solche Aktionen abgestimmt werden müssen.
Eine Rolle spielt auch der Aufwand für die Organisation der Willensbildung und Entscheidungsprozesse im Unternehmen. Das Gewicht der Handhabbarkeit für die Wahlentscheidung hängt zum einen von der Struktur des Unternehmens ab. Wo diese ohnehin eine komplexe Organisation bedingt, kommt es auf zusätzliche Formalien weniger an. Zum anderen ist es auch eine Frage des persönlichen Geschmacks: Wem Formalien ein Gräuel sind, der sollte etwa von der GmbH und erst recht von der AG die Finger lassen, wenn nicht zwingende andere Gründe dafür sprechen.

## Welche Rolle wollen Sie spielen?

Zwei Rollen müssen in der Leitung jedes Unternehmens besetzt werden: Geldgeber und Geschäftsleitung. Dazu kommen bei der AG die Berater und Kontrolleure im Aufsichtsrat. Die Zahl unterschiedlicher Drehbücher, die sich mit den verschiedenen Kombinationsmöglichkeiten dieser Rollen schreiben lassen, ist praktisch unbegrenzt. Theoretisch kann sich jeder Unternehmer seine Traumrolle auf den Leib schneidern. Er kann im Soloauftritt alles selbst machen oder im Ensemble den Erfolg suchen, er kann als Geldgeber im Hintergrund die Regie führen oder mit seinem Geschäftskonzept das zahlende Publikum anlocken.

**Tipp** Mit dem Drehbuch des Unternehmers ist schon eine Vorauswahl über die Rechtsform getroffen: Wer etwa allein und ohne Kontrolle auf der Bühne stehen will, kann das nur als Alleinunternehmer oder mit der GmbH.

## Kapitalbeschaffung und Mitarbeiterbeteiligung

Unternehmen kommen immer wieder in Entwicklungsphasen, in denen sie finanziellen Nachschub von außen brauchen. Das gilt fast immer bei der Gründung, oft aber können auch bei Wachstumsschüben die für die weitere Expansion notwendigen Investitionen nicht aus eigenen Mitteln finanziert werden.

In beiden Fällen ist Fremdkapital, also vor allem Bankkredite, selten die Lösung. Sie sind schwer zu bekommen, denn Unternehmen in dieser Situation können Hoffnungen bieten, aber nicht die von Banken geforderten Sicherheiten. Außerdem sehen Kredite in der Bilanz nicht schön aus, schlimmer: Bei AG und GmbH dürfen Verbindlichkeiten – und dazu gehören Kredite – nicht die Aktiva übersteigen, sonst muss wegen Überschuldung Insolvenz angemeldet werden. Die festen Zinssätze vertragen sich zudem schlecht mit den Unwägbarkeiten der Unternehmensentwicklung in diesen Phasen. Auch wo es insgesamt gut läuft, können vorübergehende Stockungen es unmöglich machen, die Darlehensverpflichtungen zu erfüllen. Das kann das Aus bedeuten.

Hier hilft nur Eigenkapital, das Investoren in das Unternehmen stecken, also Beteiligungen. Investoren sind in dieser Situation eher zu gewinnen, denn sie setzen auf die Zukunft des Unternehmens. Über ihr Engagement entscheiden nicht Sicherheiten, sondern ein überzeugendes Konzept, das überdurchschnittliche Gewinne verspricht, und Unternehmer, denen sie die Umsetzung zutrauen. Die Eigenkapitalzufuhr belastet nicht die Bilanz, bezahlt wird mit Gewinnbeteiligung und

Wertsteigerung der Anteile, abhängig von der Entwicklung des Unternehmens.

**!** Für ihr Engagement brauchen Kapitalgeber einen zuverlässigen rechtlichen Rahmen. Wie der aussehen kann, hängt von der Rechtsform ab. So übernehmen Investoren ein höheres Risiko als Kreditgeber, aber das muss klar auf das investierte Kapital beschränkt sein. Schon deshalb scheidet etwa bei der OHG der direkte Einstieg als Gesellschafter aus, anders als bei einer AG oder GmbH. Wichtig ist ein klar geregelter und unkomplizierter Ausstieg, „Exit" genannt.
Außerdem beanspruchen Investoren mehr Einfluss und Kontrolle als Kreditgeber, hier kommt es auf die richtige Dosierung an: Sie sollen ihre Interessen wahren können, ohne dadurch jedoch zu Mitunternehmern zu werden. Erleichtert wird die Kontrolle, wo es eine gesetzlich und sogar strafrechtlich abgesicherte Buchführungspflicht gibt, wie bei den Kaufleuten. Das fehlt bei Freiberuflern und der GbR.

Ähnliche Fragen tauchen auf, wenn die Beteiligung am Unternehmen Mitarbeiter binden und ihre Motivation direkt an den wirtschaftlichen Erfolg koppeln soll. Das hat gegenüber erfolgsabhängigen Gehaltsbestandteilen entscheidende Vorzüge: Die Ausgabe der Beteiligungen zieht keine Mittel aus dem Unternehmen ab. Der Wert der Beteiligungen ist bei der Zuteilung an die Mitarbeiter zwar für Steuer und Sozialversicherung normales Arbeitseinkommen, aber was sie dann an Gewinnbeteiligung abwerfen, sind Einkünfte aus Kapitalvermögen mit Sparerfreibetrag und ohne Sozialversicherungspflicht. Und Wertsteigerungen verschont die Steuer meist.
Hier kommt es darauf an, den Mitarbeitern nicht als Nebeneffekt unerwünschte Einblicke und Einflussmöglichkeiten zu geben. Außerdem muss Vorsorge für ihr Ausscheiden getroffen werden. Welche Lösungen möglich sind, hängt wiederum entscheidend von der Rechtsform ab.

Übrigens: Bei den in Kammern organisierten freien Berufen muss jeweils geklärt werden, ob das Berufsrecht die Beteiligung von Mitarbeitern oder Investoren erlaubt.

## Die laufenden Steuern

Der Wunsch, den Fiskus mit den Früchten der eigenen Arbeit nicht übermäßig zu mästen, spielt für die Wahl der Unternehmensform eine entscheidende Rolle.

**Tipp** Leider, dafür hat der Gesetzgeber gesorgt, gibt es nicht ein ultimatives Steuersparmodell für alle Fälle. Je nach konkreter Konstellation hat beim Steuersparen mal die eine Rechtsform die Nase vorn, mal die andere. Es führt deshalb kein Weg daran vorbei, für jede Konstellation mit spitzem Stift nachzurechnen, welche Rechtsform in welcher Ausgestaltung das steuerliche Optimum bietet.

Das Traurige daran ist, dass das, was auch immer bei diesem mühseligen Geschäft herauskommt, keine Entscheidung mit Ewigkeitswert darstellt. Denn zum einen ändern sich, ohne dass es genau prognostizierbar wäre, die für die Steuern maßgeblichen Gegebenheiten im Unternehmen wie die Höhe der Gewinne. Zum anderen erfreuen sich gerade die Steuern besonderer Beliebtheit als Objekt gesetzgeberischer Bastellust mit entsprechenden Auswirkungen.
Die Steuerarten, die für die Entscheidung eine Rolle spielen, und die wesentlichen Faktoren, die ihre Höhe beeinflussen, werden im Folgenden kurz vorgestellt. Es wird erläutert, was das für die einzelnen Rechtsformen heißt, und es werden die wichtigsten Werkzeuge genannt, mit denen sich an der Steuerschraube drehen lässt.
Die Unternehmenssteuerreform wird ab 1. Januar 2008 – so der Plan der Bundesregierung – erhebliche Änderungen mit sich bringen. So sollen die Körperschaftsteuer und die Gewerbesteuer durch eine föderale und eine kommunale Unternehmenssteuer mit einheitlicher

Bemessungsgrundlage abgelöst werden, die Kapitalbesteuerung wird möglicherweise von der Einkommensteuer abgekoppelt. Erfreulich ist, dass die steuerliche Gesamtbelastung für die Unternehmen sinken soll. Im Übrigen ist es noch zu früh, unternehmerische Entscheidungen auf die Reformversprechungen zu bauen, zu viel kann sich im Gesetzgebungsprozess noch ändern.

## Einkommensteuer

Sämtliche Einkünfte aus unternehmerischer Tätigkeit unterliegen der Einkommensteuer. Die Einkommen aus Unternehmen werden in unterschiedliche Einkommensarten eingeteilt, und zwar in Einkünfte aus Gewerbebetrieb, aus selbstständiger Arbeit, aus Kapitalvermögen oder aus nichtselbstständiger Arbeit. Das hat Folgen für die Besteuerung.

- *Gewerbebetrieb* ist – vereinfacht gesagt – jede unternehmerische Tätigkeit, soweit sie nicht zu Land- und Forstwirtschaft oder zu den selbstständigen Tätigkeiten gehört. Hier wird zusätzlich Gewerbesteuer fällig. Dafür können Einzelunternehmer und persönlich haftende Gesellschafter von OHG und KG einen pauschalierten Abzug von der persönlichen Einkommensteuer vornehmen.
- Von der Gewerbesteuer bleiben *Einkünfte aus selbstständiger Arbeit* verschont. Selbstständig tätig sind vor allem Freiberufler, aber auch etwa ein Auktionator.
- *Einkünfte aus Kapitalvermögen* bezieht unter Umständen ein GmbH-Gesellschafter. Außerdem zählen Aktiendividenden dazu. Für die Steuer werden diese Einkünfte nur zur Hälfte gerechnet (Halbeinkünfteverfahren), wenn die GmbH- oder AG-Anteile im Privatvermögen gehalten werden, dafür entfällt die früher mögliche Anrechnung von Körperschaftsteuer. Außerdem gibt es den Sparerfreibetrag von 1 370 Euro. 2 740 Euro sind es, wenn Ehepartner zusammen veranlagt werden. Wo die Kapitaleinkünfte höher sind als diese Freibeträge zuzüglich einer Werbungskostenpauschale von 51 Euro, bei Zusammenveranlagung 102 Euro, muss die GmbH

oder AG von den Ausschüttungen Kapitalertragsteuer (Quellensteuer) in Höhe von 20 Prozent abziehen und an das Finanzamt abführen. Diese Steuer wird mit der Einkommensteuer verrechnet, bedeutet also keine zusätzliche Belastung (abgesehen vom Zinsverlust).

- *Einkünfte aus nichtselbstständiger Tätigkeit* kann ein Unternehmer etwa als Geschäftsführer der eigenen GmbH beziehen. Dafür wird Lohnsteuer abgeführt. Bei den Personengesellschaften wie OHG oder GbR ist das steuerlich nicht möglich.

Bei Einzelunternehmen und Personengesellschaften werden alle Gewinne in dem Jahr, in dem sie erzielt werden, den Unternehmern als Einnahmen zugerechnet, auch wenn sie im Unternehmen verbleiben. Anders bei den Kapitalgesellschaften: Dort kommt es auf den Zeitpunkt der Ausschüttung an. Es wird diskutiert, auch Einzelunternehmen und Personengesellschaften künftig die Möglichkeit zu geben, Gewinne zum Teil als Rücklage steuerfrei im Unternehmen stehen zu lassen.

Keinen nennenswerten Unterschied gibt es zwischen den verschiedenen Gesellschaftsformen in einem anderen Punkt. Es könnte vor allem bei Familiengesellschaften interessant sein, die Einkommensunterschiede in Steuerersparnis zu verwandeln, indem beispielsweise Kinder ohne Einkommen höhere Gewinnanteile erhalten, um ihren Progressionsvorteil auszunutzen. Doch dabei spielt das Finanzamt nicht mit. Es verlangt eine wirtschaftlich angemessene Verteilung, die sich vor allem an Mitarbeit und Kapitalbeteiligung orientiert. Eine deutlich andere Verteilung wird nicht anerkannt, die Familienmitglieder werden also so versteuert, als hätten sie die Gewinne nach Gusto des Finanzamts verteilt.

## Körperschaftsteuer

Körperschaftsteuer fällt von den hier besprochenen Unternehmensformen bei GmbH und AG an. Versteuert werden ihre Gewinne, von denen ein Freibetrag von 3 835 Euro abgezogen wird. Beim Steuersatz gibt es keine einkommensabhängige Progression. Er beträgt unabhängig von der Höhe der Gewinne 25 Prozent.

! Seit 2001 kommt es für die Höhe der Steuer nicht mehr darauf an, ob die Gewinne ausgeschüttet werden oder im Unternehmen bleiben. Die Körperschaftsteuer kann der Gesellschafter auch nicht mehr von seiner Einkommensteuer abziehen. Zum Ausgleich werden die Ausschüttungen bei Kapitalgesellschaften – anders als bei Einzelunternehmen oder Personengesellschaften – nur zur Hälfte besteuert.

## Kirchensteuer

Nur natürliche Personen sind kirchensteuerpflichtig, nicht Gesellschaften. Die Steuer richtet sich nach der Höhe der Einkommensteuerfestsetzung. Auch hier wirkt sich die Unternehmensform aus. Das für die Steuer maßgebliche Einkommen ist beim Einzelunternehmer und bei den Personengesellschaften der gesamte auf den Unternehmer entfallende Gewinn – egal, ob er entnommen oder stehen gelassen wird. Anders bei GmbH und AG: Dort unterliegt der Einkommen- und damit der Kirchensteuer nur der ausgeschüttete Gewinnanteil, natürlich auch das Gehalt, das der Unternehmer als Geschäftsführer, Vorstand oder Aufsichtsrat bezieht, nicht aber die Gewinne, die im Unternehmen bleiben.

## Solidaritätszuschlag

Der Solidaritätszuschlag ist ein Posten, der aus steuerlicher Sicht für die Wahl der Unternehmensform Gewicht hat. Seit Anfang 1995 wird auf Einkommen- und Körperschaftsteuer der so genannte Solidaritätszuschlag draufgesattelt. Er beläuft sich seit 1998 auf 5,5 Prozent der Einkommen- oder Körperschaftsteuer.
Dieser Aufschlag verstärkt den Effekt der je nach Rechtsform unterschiedlichen Belastung mit Einkommen- und Körperschaftsteuer.

## Gewerbesteuer

Gewerbesteuer kassieren die Gemeinden von allen Unternehmen, die gewerblich tätig sind, egal, welche Rechtsform sie haben. Das können Einzelkaufleute und andere Einzelunternehmer, GbRs oder andere Gesellschaftsformen sein. Nicht zu den Gewerben zählt die Arbeit von Freiberuflern, selbstständig Tätigen sowie Land- und Forstwirten.

Gewerbesteuer wird für Gesellschaften schon fällig, wenn nur ein Teil ihrer Aktivitäten gewerblich ist, wenn beispielsweise eine GbR von – grundsätzlich freiberuflichen – Krankengymnasten zusätzlich noch Mittel zur Körperpflege verkauft. Dann fällt die gesamte GbR-Tätigkeit unter die Gewerbesteuer, falls nicht der Handel in eine eigene Gesellschaft ausgelagert wird.
Eine Besonderheit gilt für die Kapitalgesellschaften GmbH und AG: Sie sind immer gewerbesteuerpflichtig, unabhängig davon, was sie konkret tun. Das heißt, auch eine GmbH etwa von Freiberuflern zahlt Gewerbesteuer.

Die Höhe der Gewerbesteuer legen die Gemeinden individuell durch so genannte Hebesätze fest; sie sind deshalb unterschiedlich. Die Berechnung der Gewerbesteuer geht vom Ertrag aus. Bei der GmbH wird dieser um die Bezüge der Geschäftsführer, auch der Gesellschafter-Geschäftsführer, gemindert, bei der AG um die Verdienste der Vorstände und Aufsichtsräte. Die Bezüge senken folglich die Gewerbesteuer. Die anderen Unternehmensformen haben bei der Gewerbesteuer statt der Minderung einen Freibetrag von 24 500 Euro; bei Gewerbeerträgen bis zu 72 500 Euro steigt die Steuer stufenweise bis zur vollen Höhe an. Bei der GmbH- und AG-Besteuerung wird dagegen bereits ab dem ersten Euro der volle Steuersatz zu Grunde gelegt – ohne Freibetrag.
Die Gewerbesteuer wird als Betriebsausgabe vom Gewinn abgezogen, mindert also Körperschaft- und Einkommensteuer. Außerdem kann für die Gewerbesteuer ein pauschalierter Betrag von der persönlichen

Einkommensteuer abgezogen werden. Dadurch entfällt bei einem Hebesatz von rund 360 Prozent unter dem Strich die Belastung durch die Gewerbesteuer; liegt der Hebesatz darunter, wirkt die Gewerbesteuer sogar steuermindernd.

## Buchführung – wie viel muss sein?

Es macht schon einen Unterschied – sowohl beim Aufwand als auch bei den dafür notwendigen Kenntnissen –, ob ein Unternehmer sich mit einer schlichten Gewinn-und-Verlust-Rechnung für das Finanzamt begnügen kann oder ob er eine komplette Buchführung samt Jahresabschluss oder gar noch mehr vorlegen muss. Das hängt nicht nur von der Rechtsform ab. So ist auch der Einzelunternehmer buchführungspflichtig, wenn er Vollkaufmann ist. Die Buchführungspflicht kann sich aus den Steuergesetzen oder dem Handelsgesetzbuch ergeben.
Auch wer diesen intimen Umgang mit Zahlen oder die Kosten für einen Fachmann scheut, der ihm diese Last abnimmt, sollte den Gesichtspunkt der Buchführung bei der Rechtsformentscheidung nicht überbewerten. Bei mehreren Beteiligten oder größerem Geschäftsumfang ist ein detaillierter Überblick über das Geschehen ohnehin meist unverzichtbar. Und das läuft wenigstens teilweise auf dasselbe hinaus.

Die Verletzung der handelsrechtlichen Buchführungspflichten ist übrigens strafbar, wenn das Unternehmen die Zahlungen einstellt oder wenn Insolvenz eröffnet oder nur mangels Masse nicht eröffnet wird, also bei jeder Form von Pleite. Selbst bei fahrlässiger Verletzung droht bis zu einem Jahr Freiheitsstrafe oder Geldstrafe. Bis zu fünf Jahre sind drin, wenn die Bücher in schlechten Zeiten des Unternehmens überhaupt nicht, falsch oder schlampig geführt wurden.

## Publizität – die Bücher auf den Tisch

Publizitätspflichtige Unternehmen müssen die Bilanz und je nach Größe noch andere Unterlagen veröffentlichen mit der Folge, dass diese Informationen für jeden Konkurrenten und jeden Geschäftspartner nach Belieben zugänglich sind. Diesen wird der Zugriff ab dem 1. Januar 2007 dadurch erleichtert, dass er im zentral geführten Unternehmensregister online möglich ist.

> **!** Diese Publizitätspflicht betrifft Kapitalgesellschaften und GmbH & Co. KGs. Außerdem müssen unabhängig von der Rechtsform alle „großen" gewerblichen Unternehmen (zum Beispiel mit mehr als 5 000 Arbeitnehmern) die Bücher prüfen lassen und die Bilanzen offen legen.

Bislang kümmern sich die staatlichen Stellen nicht aus eigener Initiative darum, ob die Unternehmen diesen Verpflichtungen nachkommen. Zwar hat jeder das Recht, beim Handelsregister Antrag auf Durchsetzung der Publizität zu stellen, das Register muss dann entsprechend Druck ausüben. Doch in der Praxis ist das kaum vorgekommen. Die Folge ist: Von den eine Million GmbHs halten sich nach Expertenschätzungen nur fünf bis zehn Prozent an das Gesetz. Das wird sich ab 1. Januar 2007 wohl radikal ändern. Es ist mit schärferen und effektiveren Sanktionen zu rechnen, die staatliche Stellen auf eigene Initiative verhängen werden. Wie das genau aussehen wird, stand zur Zeit der Drucklegung noch nicht fest, sicher scheint aber zu sein, dass künftig gesetzeswidrige Diskretion für die Unternehmen teuer wird.
Dieser bei vielen Unternehmen sehr unbeliebten Zwangsoffenheit das rechte Gewicht für die Rechtsformwahl beizumessen ist schwierig und nur jeweils für den Einzelfall möglich. Nicht alle Argumente, die hier vorgebracht werden, sind nach Expertenmeinung stichhaltig. Eine häufige Behauptung ist etwa, dass der Zwang zur Aufdeckung der Kalkulation die Position des mittelständischen Zulieferbetriebs im Preispoker mit den Großabnehmern verschlechtern würde. Allerdings tätigen diese in aller Regel keine Geschäfte mit Zulieferern, ohne die

Bilanzen gesehen zu haben. Dasselbe gilt für die finanzierenden Banken. Beide Geschäftspartner besitzen die Marktmacht, um ihre Informationswünsche durchzusetzen. Und sicher wird auch nicht jedes Unternehmen hilflos der Konkurrenz ans Messer geliefert werden, wenn seine Zahlenwerke bekannt werden, zumal die Informationen in beide Richtungen fließen. Vielleicht ist es vielen einfach unangenehm und ungewohnt, sich von aller Welt in die Karten sehen zu lassen. Es kann natürlich auch schwerwiegendere Gründe gegen die Publizität geben.

## Das Image – die Botschaft der Rechtsform

Die Wahl einer Rechtsform ist immer auch ein Akt der Selbstdarstellung des Unternehmens. Sie enthält zunächst natürlich die simple, aber für viele Geschäftspartner interessante Auskunft, mit wem man es zu tun hat. Ist es nur einer, der persönlich haftet, sind es mehrere, die mit ihrem ganzen Vermögen für ihre Verbindlichkeiten einstehen? Darüber hinaus transportiert die Rechtsform unter Umständen weitere, weniger eindeutige Signale, an denen das werte Publikum allerdings in sehr unterschiedlichem Maß Anteil nimmt.

**z.B.** Der Kundschaft eines Schuhgeschäftes oder auch eines Autohauses wird es ziemlich egal sein, ob es mit einem Einzelunternehmen, einer OHG oder GmbH zu tun hat. Anders sieht es vielleicht bei der Klientel eines als Einzelkämpfer operierenden Vermögensberaters aus: Tritt er als GmbH auf, mag dies das Flair von Professionalität und schlagkräftiger Organisation verbreiten, auch wenn dazu nicht einmal eine Sekretärin notwendig ist. Ausgesprochen irritierend dagegen dürfte diese Wahl auf die Kundschaft einer Psychologenpraxis wirken: Jene sieht das Geschäftliche nicht gern im Vordergrund der Beziehung zum Seelenberater.

Kurz: Auch die mögliche Wirkung der Rechtsform auf Geschäftspartner und Kunden gehört zu den Basisüberlegungen und zum Marketingkonzept.

## Gründung

In Bezug auf den Gründungsaufwand existieren sicher Unterschiede zwischen den Unternehmensformen, die allerdings als Entscheidungskriterien erst zum Zuge kommen dürften, wenn die anderen Punkte keine klare Aussage erlauben. Natürlich ist dort, wo die Wahl der Rechtsform im Wesentlichen egal ist, der billigste Weg auch der beste. Keine Rolle spielt dieser Prüfpunkt, wenn eine fertige („vorgegründete") Gesellschaft gekauft werden soll.

## Verkauf und Nachfolge

Die Frage, was später mit dem Unternehmen werden soll, kann schon bei der Gründung oder der Wahl einer neuen Rechtsform interessant sein. Wer vorhat, sich nach einigen erfolgreichen Jahren in die Südsee zurückzuziehen oder neuen Aufgaben zuzuwenden, muss im Auge haben, dass die Rechtsform seines Unternehmens den Verkauf nicht erschwert. Und wer Wert darauf legt, dass seine Kinder in den Genuss der Früchte seiner Arbeit kommen oder in seine unternehmerischen Fußstapfen treten können, ohne dass das Finanzamt allzu intensiv daran Anteil nimmt, der sollte darauf achten, dass diese Pläne nicht über das rechtliche Gewand stolpern. Denn es gibt zwischen den Rechtsformen sowohl bei Verkauf als auch für die Nachfolgeregelung eine ganze Reihe von Unterschieden. Drei wichtige Aspekte werden bei den einzelnen Rechtsformen angesprochen.

!

- Da ist zunächst die Frage, ob der Verkäufer für Altschulden seines Unternehmens oder seiner Unternehmensbeteiligung auch nach seinem Austritt haftet oder ob er sich völlig unbeschwert in die Südsee verziehen kann. Die Kehrseite dieser Medaille ist, inwieweit der Käufer oder Erbe für die alten Verbindlichkeiten aus der Zeit vor seinem Einstieg einstehen muss und welche Schutzmöglichkeiten er hat. Das ist auch für die Verkäuflichkeit wichtig.
- Unterschiede gibt es auch beim Handling des Verkaufs und bei den Gestaltungsmöglichkeiten der Übertragung, was vor allem für die Nachfolgeregelung in der Familie wichtig sein kann.
- Eine erhebliche Rolle spielt die Steuer. Beim Verkauf fällt Einkommensteuer für den Veräußerungsgewinn an. Die Berechnung folgt bei Einzelunternehmen und Personengesellschaften einerseits und Kapitalgesellschaften andererseits unterschiedlichen Regeln, was den Vergleich erschwert. Bei Einzelunternehmen und Personengesellschaften gibt es erhebliche Steuervergünstigungen, wenn der Verkäufer entweder 55 Jahre alt oder dauernd berufsunfähig ist. Dafür bleibt bei Kapitalgesellschaften die Hälfte des Verkaufspreises steuerfrei. Gehört eine Immobilie zum Unternehmen, wird bei Einzelunternehmen auch Grunderwerbsteuer kassiert, bei Personen- und Kapitalgesellschaften nur dann, wenn 95 Prozent der Anteile übertragen werden. Die Unternehmensnachfolge soll – so die aktuelle Reformdiskussion – von Erbschaft- und Schenkungsteuer befreit werden, wenn der Nachfolger das Unternehmen zehn Jahre lang weiterführt.

# Wechsel der Rechtsform

Die Wahl der Rechtsform kann nicht immer Gültigkeit für alle Zeiten beanspruchen. Wachstum des Unternehmens, neue Tätigkeitsgebiete, der Wunsch nach Teilhabern oder danach, sich von solchen zu trennen, Änderungen der Besteuerung oder auch einfach die Einsicht, dass die getroffene Wahl noch nicht das Optimum war – dies alles kann zu der Überlegung führen, ob nicht ein neues rechtliches Kleid besser passt. Ein solcher Kleiderwechsel heißt „Umwandlung". Dabei kann grundsätzlich jede Form gegen jede andere getauscht werden. Praktisch allerdings gibt es erhebliche Unterschiede, und zwar sowohl bei der Durchführung als auch bei der Besteuerung.
Eine Umwandlung könnte natürlich immer folgendermaßen durchgeführt werden: Das alte Unternehmen wird nach den dafür geltenden Vorschriften liquidiert, das dabei nach Begleichung der Verbindlichkeiten übrig bleibende Material wird in einer Neugründung im neuen Gewand recycelt. Das ist umständlich und macht es schwierig, Kontinuität im Geschäftsbetrieb und in der Darstellung nach außen zu wahren.

**Tipp** Für viele Fälle der Umwandlung bietet deshalb das Umwandlungsgesetz erheblich vereinfachte Lösungen an, bei denen vor allem klar ist, dass das Unternehmen auch in neuer rechtlicher Form das alte bleibt. Aber diese Möglichkeiten gibt es nicht für alle Rechtsformen gleichermaßen. Dies sollte bei der Wahl berücksichtigt werden.

Unterschiede gibt es auch in der Besteuerung. Eine wichtige Frage ist etwa, was bei Umwandlung mit stillen Reserven oder Pensionsrückstellungen passiert oder inwieweit die Vermögensverschiebung zwischen alter und neuer Rechtsform besteuert wird. Hier lassen sich kaum allgemeine Aussagen treffen, da es sehr auf die konkrete Situation im Unternehmen und auch auf die Ausnutzung der steuerlichen Gestaltungsmöglichkeiten ankommt. Für die Entscheidung über das Ob und das Wie ist eine steuerliche Beratung unverzichtbar.

# Teil 2:

# Einzelunternehmen – Soloauftritt

Wer sein Unternehmerglück im Alleingang und ohne fremde Einflussnahme suchen will, hat hinsichtlich der Rechtsform nur zwei Möglichkeiten zur Wahl: Er kann eine Ein-Personen-GmbH gründen oder sich ohne weitere Formalitäten einfach als Einzelunternehmer betätigen. Diese Möglichkeit mag auf den ersten Blick vielleicht etwas unprofessionell wirken, tatsächlich kann sie aber mit einer ganzen Reihe von Vorzügen aufwarten, die sie zu einer echten Alternative machen.
In diesem Kapitel werden alle Arten von Einzelunternehmungen behandelt. Soweit für bestimmte Arten von ihnen Sonderregeln gelten, wird darauf hingewiesen. Dies betrifft in erster Linie die Kaufleute.

## Option Handelsrecht

Einzelunternehmer, die ein Gewerbe betreiben und deren Unternehmen so groß ist, dass es einen „in kaufmännischer Weise eingerichteten Geschäftsbetrieb" braucht, sind kraft Gesetzes automatisch Kaufleute. Sie müssen sich ins Handelsregister eintragen lassen. Näheres dazu finden Sie in Kapitel 1 ab Seite 21. Alle anderen Einzelunternehmer haben die Wahl, in den Kaufmannsstand einzutreten. Einzige Voraussetzung: Sie müssen ein Gewerbe betreiben. Das schließt Freiberufler von dieser Option aus.
Kaufmann wird der Unternehmer ganz einfach durch Eintragung ins Handelsregister. Das ist nicht weiter kompliziert und bei Gebühren von 84 Euro auch erschwinglich.
Der Kaufmann kann und muss in diesem Fall seine Handelsregister-Nummer auf den Geschäftsbriefen angeben.
Der Preis sind Buchführung nach Handelsrecht und verschärfte Verpflichtungen im Rechtsverkehr. Auch dazu wurde das Notwendige bereits gesagt.

! Spezielle Regeln gibt es für die Firma des Kaufmanns. Darunter versteht das Gesetz nicht sein Unternehmen, sondern den Namen, mit dem er im Handelsregister steht. Jeder Kaufmann muss eine Firma haben und diese ins Handelsregister eintragen lassen. Sie ist der offizielle Name des Unternehmens im Rechtsverkehr, unter dem der Kaufmann auch prozessieren kann. Durch die Firma bekommt das Unternehmen Kontinuität, denn sie kann vom Nachfolger weitergeführt werden, egal, ob er Käufer oder Erbe ist. Er kann den Übergang des Unternehmens durch einen Zusatz in der Firma für das Publikum verdeutlichen, beispielsweise: „Baustoffhandlung Max Maier, Inhaber Berthold Berger“ oder „Baustoffhandel Max Maier Nachfahren“. Es besteht aber keine Verpflichtung dazu. Der Pferdefuß der Fortführung der Firma besteht darin, dass der Erwerber auch für die Verbindlichkeiten seines Vorgängers weiter haftet. Näheres hierzu finden Sie im Abschnitt über Verkauf und Nachfolge ab Seite 77.

In der Firma muss die Rechtsform des Unternehmens angegeben werden, also „eingetragene Kauffrau“ oder „eingetragener Kaufmann“. Erlaubt ist auch eine verständliche Abkürzung wie „e.K.“, „e.Kfr.“ oder „Kfm.“, ansonsten ist die Namenswahl frei. Hinweise auf das Geschäftsgebiet des Unternehmens wie „Happy Computer e.K.“ oder auch reine Fantasiebezeichnungen wie „Gänseblümchen e.K.“ und natürlich der eigene Name sind ebenfalls möglich. Haben sich allerdings an einem Ort zwei Kaufleute mit denselben Vor- und Nachnamen für eine Namensfirma entschieden, muss derjenige, der später ins Geschäft einsteigt, seine Firma durch einen Zusatz von der des anderen deutlich unterscheiden.

# Haftung

Der Einzelunternehmer haftet grundsätzlich mit seinem gesamten persönlichen Vermögen für sämtliche Schulden seines Unternehmens, egal, woher diese kommen. Er hat – wie jeder andere Unternehmer auch – nur die Möglichkeit, dieses Risiko durch Klauseln in seinen Verträgen einzuschränken, wobei das Gesetz enge Grenzen setzt, soweit dies durch Allgemeine Geschäftsbedingungen geschehen soll.

# Rollenangebot

Dem Einzelunternehmer bietet sein Unternehmen nur eine mögliche Rolle, eben die des Unternehmers. Natürlich kann er den Posten eines Geschäftsführers oder ähnliche Positionen einrichten und ihnen die Leitung des Unternehmens anvertrauen. Doch das ändert an seiner Verantwortung nicht das Geringste, selbst wenn er sich um die täglichen Geschäfte nicht mehr kümmern will.

Lässt er die Dinge ohne Kontrolle laufen, riskiert er sogar, bei Verstößen seiner Geschäftsleitung gegen die Strafgesetze selbst Ärger mit dem Staatsanwalt zu bekommen, und zwar wegen fahrlässiger Begehung, denn es ist seine Pflicht, als Unternehmer dafür zu sorgen, dass alles mit rechten Dingen zugeht.

# Handhabbarkeit

Von allen Rechtsformen ist das Einzelunternehmen sicher am einfachsten zu handhaben. Es erfordert weder Abstimmung mit Mitgesellschaftern noch einen besonders sensiblen Umgang mit verschiedenen Vermögensmassen, da es Probleme wie verdeckte Gewinnausschüttungen oder eigenkapitalersetzende Leistungen (Näheres dazu ab Seite 133 im Kapitel über die GmbH) nicht gibt.

> **!** Da der Unternehmer ohnehin für Unternehmen und Privatschulden ohne Begrenzung haftet, kann er auch Vermögen nach den praktischen Bedürfnissen des Tages hin- und herschieben.

Zurückhaltung ist aus steuerlichen Gründen nur da angesagt, wo die Grenze zwischen Betriebs- und Privatvermögen fließend ist, wie das schon mal beim Geschäftswagen oder beim Arbeitszimmer in der Privatwohnung der Fall sein kann. Ansonsten gibt es keine Probleme: Wer für die Urlaubsreise oder das neue Haus Geld braucht, nimmt es aus dem Unternehmen, sofern vorhanden. Benötigt das Unternehmen umgekehrt eine Finanzspritze aus der Privatkasse, bekommt es sie ebenso, soweit möglich.

## Kapitalbeschaffung und Mitarbeiterbeteiligung

Natürlich kann der Einzelunternehmer zur Kapitalauffrischung Teilhaber ins Geschäft aufnehmen; er hat aber dann mit diesen eine Gesellschaft – GbR oder OGH – errichtet, mit vollem Mitspracherecht, aber auch voller Haftung für den neuen Kompagnon. Gerade das wollen meist weder Unternehmer noch Finanzier. Dann kommt eine stille Beteiligung (zu den Einzelheiten siehe Kapitel 11) in Frage. Dass Nichtkaufleute keine gesetzliche Buchführungspflicht haben, dürfte ihre Attraktivität für Investoren senken.
Dasselbe gilt für die Beteiligung von Mitarbeitern. Hier hat die stille Teilhaberschaft den Nebeneffekt, dass die Mitarbeiter Einblick in den Jahresabschluss bekommen und Grundlagenentscheidungen – etwa über das Geschäftsfeld – ihre Zustimmung brauchen. Das ist häufig gerade beim Einzelunternehmen unerwünscht, zumal es hier keine

Publizitätspflicht gibt, über die Mitarbeiter sich ohnehin diese Informationen verschaffen könnten. Eine stille Beteiligung ohne diese Rechte ist keine Lösung, da dann die Gefahr besteht, dass die Sozialversicherung Gewinnbeteiligungen wie ein getarntes normales Gehalt behandelt und dafür kassiert.

## Steuern

Steuerlich ist das Einzelunternehmen im Allgemeinen einfacher zu handhaben als die diversen Gesellschaftsformen.

Schwieriger ist bisweilen die Abgrenzung von Privat- und Betriebsvermögen, die einen ganzen Rattenschwanz von Steuerfolgen nach sich zieht. So entscheidet die Zugehörigkeit eines – im Steuerjargon – Wirtschaftsgutes zum Betriebsvermögen darüber, ob seine Anschaffungskosten den Gewinn und damit die Steuer senken.

Die Schwierigkeit liegt darin, dass es nur einen Vermögensträger gibt, den Unternehmer, und nicht nebeneinander Unternehmer und Gesellschaft. Einfach ist die Zuordnung theoretisch bei Gütern, die klar nur einem Bereich angehören, etwa die Kücheneinrichtung dem Privatbereich und die Registrierkasse dem Geschäft. Bei Auto, Computer, Immobilien beispielsweise ist das nicht so eindeutig. Sie können beiden Bereichen dienen und werden auch tatsächlich so genutzt. Dem Betriebsvermögen wird dann immer zugerechnet, was zu mehr als 50 Prozent betrieblich genutzt wird („notwendiges Betriebsvermögen"), dem Privatvermögen, was unter 10 Prozent liegt („notwendiges Privatvermögen"). Im Bereich dazwischen haben nur buchführungspflichtige Unternehmer, also Kaufleute, die Wahl.
Außer der Aufteilung in Betriebs- und Privatvermögen herrscht beim Einzelunternehmer ein ziemliches Einerlei, das die Handhabung des Unternehmens einerseits erleichtert, andererseits für Versuche, per Unternehmensgestaltung an der Steuerschraube zu drehen, relativ

wenig Raum lässt. Ein Einzelunternehmer kann sich nicht selbst als Geschäftsführer engagieren und die Kosten als Betriebsausgaben steuermindernd geltend machen. Gewinnmindernde Pensionsrückstellungen sind natürlich auch nicht möglich.

## Einkommensteuer

Für den Gewinn aus dem Einzelunternehmen wird Einkommen- und gegebenenfalls Kirchensteuer fällig, außerdem Solidaritätszuschlag. Ein Pluspunkt für die Rechtsform des Einzelunternehmers gegenüber AG und GmbH besteht darin, dass Verluste aus dem Unternehmen mit Einkünften aus anderen Quellen wie Kapital oder Vermietung verrechnet werden. Die Verluste führen also direkt zu einer Steuerersparnis.

## Gewerbesteuer

Es versteht sich von selbst, dass nur gewerbliche Einzelunternehmer auch Gewerbesteuer zahlen müssen. Dafür mindert die Gewerbesteuer als Betriebsausgabe den Gewinn und damit die Einkommensteuer. Vor allem aber kann der gewerbliche Unternehmer die pauschalierte Gewerbesteuer von der Einkommensteuer abziehen. Der Effekt: Bis zu einem Hebesatz von 360 Prozent bringt die Gewerbesteuer dem Einzelunternehmer im Ergebnis keine zusätzliche Belastung.
Bei der Gewerbesteuer verschont das Finanzamt Erträge der Einzelunternehmer bis 24 500 Euro ganz, bei Erträgen oberhalb dieses Freibetrages bis zu 72 500 Euro steigt die Steuer stufenweise bis zum Höchstsatz. Bei GmbH und AG gibt es das nicht. Dafür senkt hier das Einkommen von Geschäftsführer, Vorstand oder Aufsichtsrat (auch wenn diese zugleich Gesellschafter sind) den Gewerbeertrag und damit die Gewerbesteuer. Das Einkommen des Einzelunternehmers aus seinem Betrieb lässt sich nicht derart steuersparend verbuchen.

Einen Schönheitsfehler hat die Wohltat der Freibeträge und gebremsten Steuersteigerung, wenn das Unternehmen rote Zahlen schreibt. Verluste können dann zwar mit Gewinnen späterer Jahre verrechnet werden (Verlustvortrag) und sich so als Zukunftssteuervorteil bezahlt machen. Doch was dabei verloren geht, sind die genannten Wohltaten, denn die können nicht in die Zukunft mitgenommen, sondern müssen im Steuerjahr genutzt werden – oder sie verfallen.

## Buchführung und Publizität

Die Buchführungspflichten des Einzelunternehmers hängen von seinem Beruf ab. Als Selbstständiger muss er für die Steuererklärung nur eine Gewinn-und-Verlust-Rechnung vorlegen. Ist er dagegen Kaufmann, verpflichtet ihn das Handelsgesetzbuch zur Führung von Büchern und zu einem Jahresabschluss inklusive Bilanz nach Handelsrecht. Dasselbe schreibt die Abgabenordnung den anderen gewerblichen Einzelunternehmern sowie Land- und Forstwirten – nicht aber den selbstständig Tätigen – vor, wenn der Jahresumsatz 350 000 Euro oder der Jahresgewinn 30 000 Euro übersteigt. Für Kaufleute kommt eine Publizitätspflicht dazu, wenn sich ihr Betrieb zu einem ausgesprochenen Großunternehmen auswächst, etwa mit mehr als 5 000 Arbeitnehmern.

Eine andere Frage ist natürlich, ob es nicht auch ohne gesetzliche Verpflichtung sinnvoll ist, Bücher zu führen, schon um einen zuverlässigen Überblick über die wirtschaftliche Situation des Unternehmens zu haben. Die Kehrseite: Hat das Unternehmen Aufzeichnungen, muss es diese dem Finanzamt vorlegen, auch wenn es sie freiwillig führt.

## Gründung

Beim Einzelunternehmen bedarf es keines besonderen Gründungsaktes; es existiert in dem Moment, in dem es ins Leben gerufen wird und die Geschäfte aufnimmt. Der Kaufmann muss sich allerdings ins Handelsregister eintragen lassen. Das kostet 84 Euro. Die Anmeldung muss der Notar beurkunden, er verlangt 42 Euro plus Mehrwertsteuer und Auslagen. Soweit der Betrieb eine Erlaubnis braucht, muss diese beantragt werden, dazu kommt bei Gewerbebetrieben die Anmeldung als Gewerbe.

## Verkauf und Nachfolge

! Was die Haftung beim Übergang des Unternehmens angeht, bestehen wichtige Unterschiede zwischen kaufmännischen und anderen Unternehmen. Bei Letzteren haftet der frühere Inhaber für alle Verbindlichkeiten, die er selbst eingegangen ist, der neue Besitzer für alles, was er zu verantworten hat.

Das lässt sich nur ändern, wenn die Gläubiger mitspielen, was sie nicht müssen. Bei einem Mietvertrag zum Beispiel kann sich der Vermieter beliebig lange an den Alt-Unternehmer halten, selbst wenn der Neue seine Verpflichtungen erfüllt. Es ist deshalb wichtig, gleichzeitig mit dem Verkauf für klare Verhältnisse durch Vertragsänderungen zu sorgen, was sich die Vermieter allerdings unter Umständen honorieren lassen. Dasselbe gilt für andere Dauerverträge.

! Beim Kaufmann sieht es anders aus, wenn der Käufer die Firma weiterführt – egal, ob mit oder ohne Nachfolgezusatz. Dann haftet er auch für alle Altschulden des Unternehmens, und zwar zusätzlich zum Verkäufer.

Frohe Kunde also für die Gläubiger! Neuschulden brauchen den Verkäufer selbstverständlich nicht zu interessieren. Und nach fünf Jahren spätestens ist er auch die Altlasten los: Forderungen, die danach fällig werden, gehen ihn nichts mehr an – das ist besonders wichtig für Mietverträge und andere laufende Verpflichtungen. Was vor Ablauf der fünf Jahre fällig wurde, muss innerhalb dieser Frist eingeklagt werden, sonst ist es zu spät für die Gläubiger. Natürlich ist auch hier der bessere Weg eine Ablösung der Verpflichtungen, soweit die Gläubiger mitmachen; ohne Sicherheiten werden sie das aber kaum tun.

Beim Verkauf fällt der Veräußerungsgewinn unter die Einkommensteuer. Veräußerungsgewinn ist der Betrag, um den der Verkaufspreis den Buchwert des Unternehmens übersteigt. Davon können die Kosten des Verkaufs – etwa für Makler – abgesetzt werden. Gewerbesteuer wird nicht fällig. Ist eine Immobilie mit von der Partie, will das Finanzamt auch Grunderwerbsteuer sehen. Für die Steuer kann der Veräußerungsgewinn auf fünf Jahre verteilt werden. Mehr Steuervergünstigungen bekommt ein Verkäufer, der 55 Jahre alt oder berufsunfähig ist.

**!** Die Erben haften beim nichtkaufmännischen Unternehmen mit ihrem gesamten Hab und Gut für alle Altverbindlichkeiten. Davon können sie sich befreien, indem sie die Erbschaft binnen sechs Wochen ausschlagen, allerdings vollständig. Eine Teilausschlagung nur für das Unternehmen ist nicht möglich. Später kommen Erbe oder Erbengemeinschaft aus der Haftungsschlinge nur noch, wenn sie Nachlassinsolvenz wegen Überschuldung oder Nachlassverwaltung beantragen. Auch das betrifft den Nachlass insgesamt.

Der Kaufmannserbe haftet genauso, wenn er das Geschäft gar nicht oder unter anderer Firma weiterführt. Er hat aber bei Fortführung unter der alten Firma eine zusätzliche Bedenkfrist von drei Monaten, in der er die Situation des Unternehmens prüfen kann. Stellt er vor Ablauf der Frist die Geschäfte ein, haftet er nur wie ein gewöhnlicher Erbe, sonst muss er voll für alles geradestehen. Übrigens gilt die Firma auch mit Nachfolgezusatz als die alte Firma.
Ist – wie etwa bei der Anwaltskanzlei – eine bestimmte Qualifikation für die Leitung des Unternehmens notwendig, muss der Erbe diese selbst besitzen. Die Anstellung eines entsprechend Qualifizierten genügt nicht.

Der Verkauf des Einzelunternehmens gestaltet sich etwas umständlich, jeder Bestandteil, jede Forderung muss gesondert übertragen werden. Ein schriftlicher Vertrag empfiehlt sich natürlich, ist aber nicht vorgeschrieben. Gehört eine Immobilie zum Unternehmen, geht es nicht ohne Notar.
Die schrittweise Einführung eines Nachfolgers macht auf der Ebene der Betriebsorganisation keine Probleme: Der bisherige Alleinherrscher gibt dem Thronfolger – jederzeit widerruflich – die Vollmachten, die dieser braucht, um in die neue Aufgabe hineinzuwachsen. Schwieriger dagegen ist die stufenweise Überschreibung des Unternehmens mit dem Ziel, mehrfach den Freibetrag von 225 000 Euro für Betriebsvermögen bei der Schenkung- und Erbschaftsteuer auszunutzen (dazu komme ich gleich). Dies ist ohne Gründung einer Gesellschaft nicht möglich, was wiederum einen Gesellschaftsvertrag mit passenden Lösungen für die spezielle Situation notwendig macht.
Für die Erbschaft oder eine Schenkung an den zukünftigen Erben fällt Erbschaftsteuer an, die sich am meist erfreulich niedrigen Einheitswert bemisst. Dabei gibt es für Betriebsvermögen einen Freibetrag von 225 000 Euro, der bei mehreren Erben oder Beschenkten zwischen diesen aufgeteilt wird. Der Unternehmer kann bestimmen, wie er verteilt wird. Diesen Freibetrag gibt es alle zehn Jahre, in diesem Abstand können also weitere 225 000 Euro erbschaft- beziehungsweise

schenkungsteuerfrei übertragen werden. Allerdings: Die teilweise Überschreibung des Einzelunternehmens bringt zwangsläufig eine Änderung der Rechtsform in irgendeine Art von Gesellschaft mit sich. Das macht den Abschluss eines passenden Gesellschaftsvertrages unverzichtbar, da sonst die gesetzlichen Regeln greifen, die Rechte und Pflichten pauschal nach der Höhe der Beteiligung verteilen. Eine derartig unkontrollierte Einschränkung seiner Macht wird nicht unbedingt im Sinn des Unternehmers sein.

## Wechsel der Rechtsform

Für den Einzelunternehmer gibt es die Möglichkeit der vereinfachten Umwandlung nur, wenn er eingetragener Kaufmann ist. Dann kann er sein Unternehmen insgesamt in eine OHG, eine KG, eine GmbH oder eine AG einbringen beziehungsweise damit eine GmbH oder AG gründen. Allerdings führt auch dann kein Weg an der Beachtung der lästigen Sachgründungsvorschriften vorbei (Näheres dazu im Kapitel über die GmbH ab Seite 121). Andere Einzelkämpfer müssen die gewünschte Gesellschaft (also GbR, Partnerschaft, GmbH oder AG) neu gründen und ihr Betriebsvermögen dort einbringen, und zwar – anders als bei Anwendung der Umwandlungsregeln – Stück für Stück, Forderung für Forderung, was insofern nicht sonderlich kompliziert ist, als eine Liquidation nicht notwendig ist. Man spricht übrigens nicht von Umwandlung, wenn wegen Änderung der Tätigkeit aus dem „einfachen" Einzelunternehmen ein kaufmännisches wird. Man muss dieses dann nur ins Handelsregister eintragen lassen und die HGB-Vorschriften beachten.

# Checkliste: Einzelunternehmen

- ❑ Für wen?
  Für alle Alleinunternehmer.
- ❑ Handelsrecht?
  Gewerbetreibende können sich im Handelsregister als Kaufleute eintragen lassen. Dann fallen sie unter das Handelsrecht. Freiberufler haben diese Möglichkeit nicht. Bei entsprechender Unternehmensgröße ist die Eintragung Pflicht.
- ❑ Haftung
  Ohne Einschränkung und Limit.
- ❑ Handhabbarkeit
  Unkompliziert und flexibel.
- ❑ Rollenangebote
  Verantwortung trägt in letzter Instanz immer der Unternehmer.
- ❑ Kapitalbeschaffung und Mitarbeiterbeteiligung
  Beides nur als stille Beteiligung möglich. Folge: Einblick in den Jahresabschluss für Investor und Mitarbeiter.
- ❑ Steuern allgemein
  Die Besteuerung der Einzelunternehmen ist relativ überschaubar, bietet aber auch vergleichsweise wenige steuersparende Gestaltungsmöglichkeiten. Schwierigkeiten kann die für die Steuer wichtige Abgrenzung von Privat- und Betriebsvermögen bereiten.
- ❑ Steuern bei Gewerbetreibenden
  Sie müssen Gewerbesteuer zahlen, dabei sind Erträge bis 72 500 Euro begünstigt. Die pauschalierte Gewerbesteuer kann von der Einkommensteuer abgezogen werden.
- ❑ Buchführungspflicht
  Trifft Kaufleute; andere Gewerbetreibende nur, wenn ihr Unternehmen die Größe eines Kleinbetriebes überschreitet; Freiberufler sind frei.
- ❑ Publizitätspflicht
  Gibt es nur für Kaufleute mit Großunternehmen.

- ❏ Image
  Gibt das Einzelunternehmen als solches nicht her; ob das „e.K.“ für die Kaufleute etwas bringt, bleibt abzuwarten. Diese Aufgabe müssen Selbstdarstellung, Leistung und zum Teil – vor allem bei Freiberuflern – das Berufsimage übernehmen.
- ❏ Gründung
  Kein Gründungsakt, nur gegebenenfalls Eintragung ins Gewerbe- und/oder Handelsregister.
- ❏ Verkauf und Nachfolge
  Die Übertragung bereitet keine Probleme. Trotz Verkauf bleibt die Haftung für Altschulden. Erben und den Käufer, der eine Kaufmannsfirma weiterführt, trifft ein Haftungsrisiko. Eine – auch steuerlich günstige – stufenweise Übertragung auf Nachfolger erfordert den Wechsel der Rechtsform. Die Steuerbelastung ist dieselbe wie bei GbR, OHG oder KG. Für eine Immobilie im Betriebsvermögen allerdings fällt beim Verkauf zusätzlich Grunderwerbsteuer an.
- ❏ Wechsel der Rechtsform
  Ist nur für den Kaufmann einfach.

# Teil 3:

# Gemeinschaft – manchmal eine Alternative

Die Gemeinschaft stellt genau genommen keine Unternehmensform dar, sondern eine Möglichkeit, beruflich oder als Unternehmer mit anderen zusammenzuarbeiten. Im streng juristischen Sinn spricht man von Gemeinschaft, wenn mehrere Personen zusammen Inhaber eines Rechts oder einer Sache sind. Hier wird dieser Begriff verwendet wie im normalen Sprachgebrauch, wenn von Bürogemeinschaft, Ärztegemeinschaft und dergleichen die Rede ist. Rechtlich können sich darunter ganz verschiedene Konstruktionen verbergen.
So verbreitet die Gemeinschaft in der Praxis ist, so stiefmütterlich wird sie in entsprechenden Ratgebern zum Thema im Allgemeinen behandelt. Da fällt sie schlicht unter den Tisch. Dabei bietet sie den verschiedensten Unternehmen und Berufen eine ganze Reihe interessanter Vorteile bei sehr überschaubaren Risiken.

## Die wichtigsten Vorteile

Bei der Gemeinschaft bleibt jeder sein eigener Herr und Unternehmer. Damit entfallen viele Reibungspunkte, die der Zusammenschluss in einer Gesellschaft fast zwangsläufig mit sich bringt. Trotzdem lassen sich in der Gemeinschaft je nach Konstruktion unterschiedliche Vorteile der Kooperation realisieren.
Das fängt mit der schlichten Kostenersparnis an, weil beispielsweise in einer Bürogemeinschaft Einrichtungen wie Fotokopierer gemeinsam genutzt werden können, die der Einzelne allein nicht auslastet. Das bezieht sich natürlich auch auf größeres Gerät. Positiv zu Buche schlagen kann auch die Möglichkeit gegenseitiger Vertretung wenigstens am Telefon, bei gleicher Tätigkeit auch während des Urlaubs. Dazu mag kommen, dass jemand, der zwar gerne sein eigener Herr ist, sich trotzdem manchmal über seine Arbeit austauschen und Probleme mit Kollegen diskutieren möchte.
Schließlich können in dieser Form verwandte oder zusammenpassende Leistungen so angeboten werden, dass jedes einzelne Unternehmen von der zusätzlichen Attraktivität, die von der Zusammenstellung ausgeht, profitiert. Dies funktioniert im Prinzip wie ein Einkaufszent-

rum. Im Endeffekt ähnlich dürfte die Wirkung beim Ärztehaus sein, wo zwar nicht unbedingt die Attraktivität des einzelnen Arztes durch das geballte Angebot gesteigert wird, aber bei Überweisungen an einen anderen Facharzt die Patienten oft den kurzen Weg wählen und gleich im Haus bleiben.

**Tipp** Weil die Gemeinschaft je nach Konstruktion sehr leicht aufzulösen ist, eignet sie sich auch als „Schnupperphase“, bevor man sich eventuell in einer Gesellschaftsform enger zusammenschließt.

## Für wen?

Mitglieder einer Gemeinschaft können alle anderen Rechtsformen werden, also Einzelunternehmer und Gesellschaften. Die Gemeinschaft bietet sich für alle an, die aus Kostengründen Einrichtungen mit anderen teilen wollen oder eine lockere Form der Zusammenarbeit suchen. Sie ist besonders interessant für Unternehmer, die ihr eigenes Leistungsangebot dadurch attraktiver machen wollen, dass verwandte oder ergänzende Angebote unter einem Dach (oder auch Tür an Tür) zu finden sind, für die eine Gesellschaft aus persönlichen, unternehmerischen oder auch aus berufsrechtlichen Gründen nicht in Frage kommt.

**z.B.** In der Praxis sind Gemeinschaften in vielen Bereichen verbreitet: die Bürogemeinschaften von Rechtsanwälten oder auch freien Journalisten, die sich Einrichtungen teilen, ihr Angebot aber bei Spezialisierung auch insgesamt attraktiver machen. Dasselbe gilt für Bürogemeinschaften zwischen Steuerberatern und Rechtsanwälten oder für Ärztehäuser. Denkbar sind auch Gemeinschaftsangebote von Handwerkern, beispielsweise nach dem Motto: „Rund ums Haus“. Im Übrigen sind der Fantasie hier kaum Grenzen gesetzt. Es steht zu vermuten, dass die durch die Gemeinschaft gegebenen Möglichkeiten bei weitem noch nicht ausgeschöpft sind.

## Name

Grundsätzlich kann eine Gemeinschaft auch einen Namen haben.

> Es muss hier allerdings unbedingt der Eindruck vermieden werden, dass in Wahrheit ein engerer Zusammenhang – also eine Gesellschaft – zwischen den Beteiligten besteht.

Unproblematisch ist sicher die Bezeichnung „Ärztehaus", eventuell auch mit einem Zusatz, der seiner Identifizierung dient, wie die Angabe der Straße oder des Stadtteils, falls es dort keine anderen Ärztehäuser gibt. Problematisch dürfte dagegen die Bezeichnung „Pressebüro" für eine Journalistengemeinschaft sein, da sie die Vermutung nahe legt, dass es sich hier um ein einheitliches Unternehmen handelt.

## Image

Die Präsentation der einzelnen Mitglieder der Gemeinschaft wird sich durch den Zusammenschluss fast immer erheblich verbessern lassen. Gerade wenn jeder für sich ein recht kleines Unternehmen führt, sieht die Zusammenballung einfach nach mehr aus. Durch die Kostenteilung lässt sich auch leichter für eine vernünftige Ausstattung sorgen.

> Das Einzelunternehmen sollte allerdings darauf achten, dass es dabei nicht sein Gesicht verliert.

## Haftung

Da bei der Gemeinschaft die einzelnen Unternehmen selbstständig bleiben, gibt es keine besonderen Haftungsprobleme. Soweit jedoch Verpflichtungen aus gemeinschaftlichem Eigentum oder gemeinschaftlichen Verträgen wie der Miete der gemeinsamen Geschäftsräume bestehen, kann das zu Belastungen über den eigenen Anteil hinaus führen, falls ein anderes Mitglied bei der Erfüllung seiner Verpflichtungen ausfällt.

## So funktioniert die Gemeinschaft

Die rechtliche Konstruktion kann sehr unterschiedlich sein. Häufig sieht es so aus, dass der Initiator der Gemeinschaft bereits Räume und Ausrüstung hat, aber aus Gründen der Kostensenkung oder Zusammenarbeit Interessenten sucht. Dann wird das neue Mitglied der Gemeinschaft im Allgemeinen einen Miet- oder Untermietvertrag über die Nutzung der Räume schließen sowie gegen Kostenbeteiligung das Recht bekommen, die Ausrüstung mitzubenutzen.
Die andere Möglichkeit besteht darin, dass die Mitglieder die Gemeinschaft von vornherein gemeinsam gründen und die zugehörigen Rechte entsprechend gemeinsam erwerben oder dass die Neumitglieder an diesen Rechten voll beteiligt werden. Es leuchtet ein, dass diese Variante insbesondere im Fall der Auflösung der Gemeinschaft oder des Ausscheidens einzelner Mitglieder wesentlich komplizierter ist, weil mehr auseinander dividiert werden muss. Hinsichtlich der ersten Variante dagegen verhält es sich wie bei der normalen Miete auch: Wenn die eine oder andere Seite kündigt, endet das Vertragsverhältnis, die Mietsache wird zurückgegeben und Schluss.

Wichtig für die Gemeinschaft sind vernünftige vertragliche Regelungen. Sie müssen unter anderem Bestimmungen für den Fall der Trennung enthalten, insbesondere Regelungen zur Kündigung. Gibt es gemeinsames Eigentum oder gemeinsame Rechte, sind Klauseln über deren Schicksal wichtig. Sie müssen beispielsweise regeln, wer die Geschäftsräume weiter nutzen darf oder welcher Wert bei der Ablösung einer gemeinsamen Einrichtung anzusetzen ist. Bei unterschiedlich intensiver Nutzung sollte festgelegt werden, wie die Kostenverteilung sich errechnet. Wichtig kann schließlich sein, dass die Vertragswerke Konkurrenzverbote enthalten, die sicherstellen, dass keinem Mitglied einer Gemeinschaft mit ergänzenden Leistungsangeboten ein direkter Konkurrent vor die Nase gesetzt wird. Je nach Zielsetzung können auch Absprachen über Qualitätsstandards und Werbemaßnahmen nützlich sein.

## Checkliste: Gemeinschaft

- ❑ Für wen?
  Für alle, welche die Vorteile des Zusammenschlusses mit gleichen, ähnlichen oder ergänzenden Unternehmen oder Berufen, wie Kostenersparnis oder Synergieeffekte, nutzen wollen, ohne eine Gesellschaft gründen zu wollen oder – aus berufsrechtlichen Gründen – zu dürfen.
- ❑ Haftung
  Fällt bei gemeinsamen Verpflichtungen – etwa für Miete – ein Mitglied aus, müssen die anderen je nach Vertragslage einspringen. Sonst haftet jedes Mitglied nur für sich selbst.
- ❑ Handhabbarkeit
  Komplizierter bei gemeinschaftlichem Eigentum und Rechten, einfacher, wenn einer den anderen alles vermietet.
- ❑ Steuern, Rollenangebote, Buchführungspflicht, Publizitätspflicht
  Diese Punkte entfallen.

- ❑ Image
  Die Gemeinschaft ermöglicht in vielen Fällen einen sehr effektiven Auftritt auf dem Markt.
- ❑ Gründung
  Durch einen Initiator oder mehrere Unternehmer gemeinsam. Wichtig sind solide Verträge.
- ❑ Verkauf und Nachfolge
  Zusammen mit dem Unternehmen.
- ❑ Wechsel der Rechtsform
  Entfällt.

# Teil 4:

# GbR – die Gesellschaft für fast alles

Die GbR, die Gesellschaft bürgerlichen Rechts, ist die Mutter aller Personengesellschaften. Die anderen – OHG, KG oder Partnerschaftsgesellschaft – sind nur Weiterentwicklungen oder Variationen dieses Ur-Modells. Trotzdem fristet die GbR unter den Rechtsformen ein weithin unbeachtetes Schattendasein – zu Unrecht. Ein Grund ist sicher, dass die meisten GbRs gar nicht als solche angesehen werden, denn sie geben sich nur selten durch den Zusatz GbR zu erkennen. Tatsächlich sind sie in vielen Bereichen sehr verbreitet.

Das ist ein wichtiger Vorzug für alle, die sich für diese Rechtsform interessieren, und zwar aus folgendem Grund: Wer eine GbR ins Leben rufen will, braucht sich im Grunde nur mit seinen Kompagnons darüber zu einigen, wer Gesellschafter werden und was die Gesellschaft tun soll. Dafür genügt sogar die mündliche Absprache. Für den Rest sorgt das BGB, das die Regeln zur Verfügung stellt, nach denen das Ganze funktioniert. Nur sind diese Regeln reichlich schwerfällig und für die meisten Gelegenheiten unbrauchbar. Das Gesetz lässt den Gesellschaftern aber weitgehende Freiheit, ihre GbR so zu organisieren, dass sie genau ihren Zwecken dient. Wegen der großen Verbreitung der GbR gibt es heute eine große Zahl in der Praxis ausgereifter Modelle, die direkt oder nach kleinen Änderungen für jeden Fall wie maßgeschneidert sitzen.

## Für wen?

Jeder kann eine GbR gründen, wenn er mindestens einen Partner dafür findet. Eine Ein-Mann-GbR gibt es nicht, anders als bei der Gesellschaft mbH. Scheiden die Mitgesellschafter aus, sodass einer allein zurückbleibt, wird er zum Einzelunternehmer.

! Zwar kann jeder eine GbR gründen, aber nicht für jeden Zweck: Soll die Gesellschaft sich kaufmännisch betätigen, handelt es sich kraft Gesetzes um eine OHG. Das tut sie, wenn sie ein Gewerbe betreibt und „nach Art oder Umfang einen in kaufmännischer Weise eingerichteten Geschäftsbetrieb" erfordert. Neu ist die Möglichkeit für kleingewerbliche GbRs und GbRs, die nur eigenes Vermögen verwalten, sich durch Handelsregistereintrag zur OHG zu mausern.

Wenn ein Kaufmann getrennt von seinem kaufmännischen Unternehmen beispielsweise zusammen mit anderen das gemeinsame Grundstück verwaltet, geschieht das in der Rechtsform der GbR. Überhaupt ist die Grundstücksverwaltung ein praktisch wichtiger Anwendungsbereich dieser Rechtsform. Einen anderen bieten die Zusammenschlüsse von Freiberuflern etwa in einer Gemeinschaftspraxis oder in Anwaltssozietäten. Aber auch Zusammenschlüsse von großen Wirtschaftsunternehmen etwa in Arbeitsgemeinschaften (ARGE) für Großprojekte oder in Interessengemeinschaften (IG) haben meist die Form der GbR.

## Haftung

Das Prinzip ist einfach: Jeder Gesellschafter haftet mit seinem gesamten Vermögen für alle Verbindlichkeiten der GbR. Das gilt für die Folgen nicht nur wirtschaftlicher Fehlschläge, sondern auch für die der Verletzung vertraglicher Pflichten der GbR.

Diese Konsequenz ist besonders brisant bei Berufen mit hohem Haftungsrisiko wie beispielsweise bei Ärzten oder auch Anwälten. Dafür müssen die anderen Gesellschafter auch geradestehen, wenn sie nicht die geringste Chance hatten, den Fehler zu verhindern. Besonders problematisch ist das dort, wo verschiedene Berufsgruppen –

etwa Bauingenieure und Architekten – in einer GbR zusammenarbeiten, weil die gegenseitigen Kontrollmöglichkeiten mangels erforderlicher Fachkenntnisse besonders gering sind. Für Freiberufler bietet hier die Partnerschaftsgesellschaft Möglichkeiten, das Risiko zu limitieren. Intern können die Gesellschafter bestimmen, dass bei Berufsfehlern derjenige für die Folgen einzustehen hat, der den Schaden verursacht hat. Das hilft den anderen allerdings nur dann, wenn derjenige auch das nötige Kleingeld hat, um die Angelegenheit zu regeln. Überschreitet der Schaden seine Mittel, müssen die anderen bluten, denn der Kunde der GbR kann sich in jedem Fall an alle Gesellschafter halten.

! Allerdings – und darin liegt eine, wenn auch beschränkte, Schutzmöglichkeit für die Mitgesellschafter – kann das Recht auch der geschäftsführenden Gesellschafter, die GbR zu vertreten, beschränkt werden. Diese Beschränkung ist auch den Geschäftspartnern der Gesellschaft gegenüber wirksam.

z.B. Bei Anschaffungen für die GbR, etwa medizinische Apparate, kann festgelegt werden, dass der dafür zuständige Gesellschafter die Zustimmung der anderen einholen muss, wenn ein bestimmter Kostenrahmen überschritten wird. Ist seine Vollmacht nicht beschränkt, riskieren die anderen ihre Mitverpflichtung auch bei Anschaffung neuester Diagnosemaschinen im Millionenwert. Genauso ist denkbar, dass die Entgegennahme von Aufträgen ab einem bestimmten Volumen nur mit Plazet der anderen Gesellschafter möglich ist. Dies sichert zwar nicht vor Fehlerfolgen, liefert aber doch eine gewisse Kontrollmöglichkeit. Es kann etwa in diesem Fall festgelegt werden, dass ein zweiter Gesellschafter sich an der Bearbeitung beteiligt, was ebenfalls das Risiko mindert.

Diese Möglichkeit, die Vollmacht der geschäftsführenden Gesellschafter einzuschränken, gibt es bei den anderen Gesellschaftsformen nicht. Selbstverständlich kann auch bei der GbR – wenigstens soweit es das Berufsrecht zulässt – die Haftung in den Verträgen mit der Kundschaft eingeschränkt werden. Hier setzt jedoch der Markt Grenzen. Wer zu unsensibel mit derartigen Klauseln umspringt, kann leicht alle Haftungsprobleme los sein, weil ganz einfach die Kundschaft wegbleibt, die dies als Zumutung empfindet.
Beliebt war zeitweise ein anderer Versuch, das GbR-Haftungsrisiko in den Griff zu bekommen. Sein Ziel war die Beschränkung der Haftung auf das GbR-Vermögen, ihr persönliches Vermögen wollten die Gesellschafter vor den Gläubigern schützen. Erreicht werden sollte das durch Bezeichnungen wie „GbR mbH“ oder durch Hinweise auf dem Geschäftspapier wie „Die Haftung ist auf das Gesellschaftsvermögen beschränkt“. Dazu hat der Bundesgerichtshof klargestellt: Diese Tricks funktionieren nicht, solche Haftungsbeschränkungen sind nicht wirksam. Das kann nur durch ausdrückliche Vereinbarung mit den Geschäftspartnern erreicht werden, nicht aber in Allgemeinen Geschäftsbedingungen (II ZR 371/98).

## So funktioniert die GbR

Wie es in einer GbR praktisch läuft, hängt weitgehend vom Gesellschaftsvertrag ab. Bei dessen Gestaltung lässt das BGB großen Spielraum, denn es enthält für die GbR nur relativ wenige Vorschriften, die durch den Gesellschaftsvertrag nicht abgeändert werden dürfen.
Da die Gesellschafter persönlich ohne Limit haften, bieten die gesetzlichen Regelungen ihnen zum Ausgleich ein Maximum an Kontrolle über das Geschehen. So sehen sie vor, dass die Geschäftsführung durch alle Gesellschafter gemeinsam erfolgt, was bedeutet, dass für jede Kleinigkeit alle zustimmen müssen. Das ist schon für die Verwaltung einer Immobilie, bei der relativ wenig Entscheidungsbedarf besteht, umständlich. Ein Unternehmen kann so sicher nicht geführt werden. Deshalb muss ein Gesellschaftsvertrag abweichende Regeln

festlegen. Er kann etwa die Geschäftsführung einem allein oder einzelnen Gesellschaftern übertragen. Denkbar ist auch eine Aufgabenteilung oder beliebige andere Varianten.

! Was allerdings nicht geht, ist die Beauftragung eines unbeteiligten Dritten mit diesem Job: Die oberste Geschäftsleitung muss in den Händen von Gesellschaftern liegen.

Die Vollmacht der geschäftsführenden Gesellschafter kann – wie schon gesagt – begrenzt werden, etwa für bestimmte Geschäftsbereiche oder auch für maximale Geschäftsvolumen. Gesellschafter, die an der Geschäftsführung nicht beteiligt sind, haben das Recht, sich in den Büchern ein Bild von den Angelegenheiten der GbR zu machen. Dieses Recht kann ihnen für den Fall, dass Grund zur Annahme einer unredlichen Geschäftsführung besteht, nicht durch den Gesellschaftsvertrag beschnitten werden. Das Recht zur Geschäftsführung und Vertretung kann durch Gesellschafterbeschluss entzogen werden.

! Die Gesellschaft verfügt über ein eigenes Vermögen, auf das die Gesellschafter nur gemeinschaftlich zugreifen können (Gesamthandsvermögen). Ein Gesellschafter kann also nicht etwa einzelne Gegenstände im Wert seines Anteils an sich nehmen oder verkaufen. Das Recht haben nur die Gesellschafter insgesamt. Grundsätzlich haben sie alle den gleichen Anteil am Gesellschaftsvermögen; falls nicht – und das ist in der Praxis die Regel – im Gesellschaftsvertrag festgehalten ist, dass sich der Anteil jedes Gesellschafters nach der Höhe seiner Einlage bemisst. Danach richtet sich auch die Verteilung von Gewinn und Verlust. Sie erfolgt am Ende des Geschäftsjahres. Natürlich können aber stattdessen monatliche Auszahlungen festgelegt werden.

Für Verluste der Gesellschaft müssen die Gesellschafter aufkommen, eine Nachschusspflicht etwa bei Kapitalbedarf haben sie allerdings nur, wenn dies im Gesellschaftsvertrag festgelegt ist oder soweit sie zustimmen. Der Geldfluss zwischen Gesellschaftern und Gesellschaft ist naturgemäß wesentlich komplizierter als beim Einzelunternehmer, weil hier die Notwendigkeit der Abstimmung zwischen den Gesellschaftern dazukommt. Dies verhindert, dass ein Gesellschafter mal eben in die volle Kasse greifen kann, wenn er sich einen Urlaub genehmigen will. Das gilt ebenso für die Aufstockung des Kapitals. Auch da müssen sich die Gesellschafter einigen, weil sich einerseits bei ungleicher Einzahlung die Risiken, aber auch die Machtverhältnisse verschieben, und weil andererseits nicht immer alle Gesellschafter gleich leistungsfähig sein werden.
Da die persönliche Haftung im Ernstfall eine große Abhängigkeit von Zuverlässigkeit und Leistungsfähigkeit der Mitgesellschafter bedeutet, kann nach den BGB-Regeln keinem Gesellschafter ein Wechsel bei den Mitgesellschaftern aufgedrängt werden. Deshalb sind die Anteile unverkäuflich. Zum Ausgleich kann der Gesellschaftsvertrag jederzeit gekündigt werden. Auch auf Tod oder Insolvenz eines Gesellschafters folgt aus diesem Grund das Ende der GbR. Zwar kann der Anteil an der GbR von den Gläubigern eines Gesellschafters gepfändet werden, doch auch das bedeutet das Aus.

> **!** Weil diese Regeln eine ständige Bedrohung für den Bestand des Unternehmens bedeuten und damit unter dem Strich mehr Unsicherheit als Sicherheit produzieren, werden sie praktisch immer durch den Gesellschaftsvertrag außer Kraft gesetzt. Dieser sieht meistens vor, dass die GbR bei Ausscheiden eines Gesellschafters von den übrigen Gesellschaftern oder auch mit den Nachfolgern des Ausgeschiedenen fortgesetzt wird. Denkbar ist auch die kanalisierte Zulassung des Verkaufs eines Anteils, indem dieser beispielsweise von der Zustimmung der anderen Gesellschafter abhängig gemacht wird.

# Kapitalbeschaffung und Mitarbeiterbeteiligung

Beides ist als stille Beteiligung (Einzelheiten siehe Kapitel 11) möglich. Das hat zur Folge, dass die Mitarbeiter Einsicht in den Jahresabschluss nehmen können. Aber ohne dieses Recht kann die Sozialversicherung Gewinnbeteiligungen als normales Gehalt behandeln und dafür Beiträge eintreiben.

Investoren sind ohne Informationen über Interna ohnehin nicht zu gewinnen. Sie dürften allerdings bei der Buchführung mehr verlangen als die gesetzlich vorgeschriebene schlichte Einnahmen-Ausgaben-Rechnung. Allerdings fehlt einer vereinbarten Buchführungspflicht die gesetzliche und strafrechtliche Absicherung. Das senkt den Reiz für Investoren.

# Steuern

Die Besteuerung des GbR-Unternehmers sieht – ebenso wie bei den anderen Personengesellschaften – im Wesentlichen genauso aus wie beim Einzelunternehmer, deshalb sollen hier nur kurz die wichtigsten Punkte und vor allem die Besonderheiten genannt werden.

> ! Anders als die GmbH zahlt die GbR selbst keine Einkommen- (bzw. Kapital-) und Vermögensteuer, das Finanzamt hält sich hier ausschließlich an die Gesellschafter. Dafür werden Gewinne und Vermögen sowie ihre Verteilung auf die Gesellschafter vom Finanzamt am Sitz der Gesellschaft „einheitlich und gesondert“ festgestellt. Das Ergebnis ist für die Finanzämter, die für die einzelnen Gesellschafter zuständig sind, verbindlich und wird von ihnen in den Steuerbescheid eingebaut. Dieses Verfahren stellt sicher, dass bei allen Gesellschaftern derselbe Maßstab angelegt wird.

Das für die einheitliche Feststellung zuständige Finanzamt entscheidet auch, welche Einkunftsart die GbR hat, ob also aus gewerblicher oder selbstständiger Tätigkeit. Auch dies ist für die Besteuerung der einzelnen Gesellschafter verbindlich. Ist die GbR in beiden Bereichen aktiv, gilt sie für die Steuer insgesamt als gewerblich. Das ist anders als beim Einzelunternehmer, bei dem ein Teil der Einkünfte gewerblich sein kann, ein anderer freiberuflich. Allerdings wird die GbR vom Finanzamt nicht – wie die GmbH – automatisch als gewerblich behandelt, sondern das hängt von ihrer konkreten Tätigkeit ab.
Die Gewerbesteuer wird direkt von der GbR gezahlt und als Betriebsausgabe berücksichtigt, sie wirkt also gewinnmindernd.

## Einkommensteuer

Sind Gewinn und Verlust erst einmal einheitlich und gesondert festgestellt, läuft bei der Einkommensteuer alles genau wie beim Einzelunternehmer: Der Gewinn wird hier, jetzt und heute besteuert, unabhängig von der Auszahlung. Ihn wie bei der GmbH zur Kapitalerhöhung stehen zu lassen erlauben die Finanzbeamten nicht.

! Die erfreuliche Kehrseite dieser Medaille: Verluste werden steuermindernd sofort mit Gewinnen aus anderen Einkunftsarten verrechnet, was bei der GmbH nicht möglich ist.

Allerdings ist diese Verrechnungsmöglichkeit heute begrenzt. Die Details dazu finden Sie mit Zahlenbeispiel im Abschnitt „Einkommensteuer“ des Kapitels „Einzelunternehmen“ auf Seite 48.
Versuche, durch entsprechende Verteilung der Gewinne innerhalb der Familie Steuern zu sparen, sehen die Finanzbeamten nicht gerne. Sie akzeptieren eine Verteilung nicht, wenn sie in deutlichem Missverhältnis zum finanziellen und praktischen Engagement steht.

## Gewerbesteuer

Gewerbesteuer muss die GbR nur bei gewerblicher Tätigkeit zahlen, allerdings auch, wenn das nur einen Teil ihrer Arbeit ausmacht. Die Gewerbesteuer wird – anders als Einkommen- und Vermögensteuer – direkt von der Gesellschaft gezahlt. Dort werden deshalb auch der Freibetrag von 24 500 Euro und die stufenweise Steigerung bis zum vollen Satz berücksichtigt, die der GbR im Gegensatz zur GmbH zustehen. Diese Vorteile gibt es nur in Jahren mit entsprechenden Gewinnen. Sie können nicht zusammen mit Verlusten beim Verlustvortrag in ertragreichere Jahre transferiert werden.
Die Gesellschafter können die pauschalierte Gewerbesteuer von ihrer persönlichen Einkommensteuer abziehen. Dazu wird die Gewerbesteuer im Verhältnis der GbR-Anteile auf die Gesellschafter „verteilt“.

Diesen Vorteilen steht als Nachteil gegenüber, dass aus Geschäftsführervergütungen für Gesellschafter bei der GbR keine Steuerersparnis geschlagen werden kann. Und das, obwohl rechtlich solche Verträge durchaus möglich sind – anders als beim Einzelunternehmer, der sich nicht selbst als sein eigener Geschäftsführer anstellen kann. Doch das kümmert die Finanzbeamten nicht. Die Steuergesetze schreiben ihnen vor, diese Konstruktion zu ignorieren.

## Buchführung

Für die GbR kommt nur eine Buchführungspflicht nach der Abgabenordnung in Frage, wenn sie gewerblich oder land- und forstwirtschaftlich tätig ist und mehr als 350 000 Euro Jahresumsatz oder 30 000 Euro Jahresgewinn hat. Dann müssen Bücher geführt und ein Jahresabschluss inklusive Bilanz angefertigt werden.
Übt eine GbR eine selbstständige Erwerbstätigkeit aus, muss sie nur eine Gewinn-und-Verlust-Rechnung für die Steuererklärung vorlegen.

Tipp Auch ohne gesetzliche Pflicht kann es sich für die GbR empfehlen, durch Buchführung sicherzustellen, dass die Abrechnung zwischen den Gesellschaftern reibungslos über die Bühne geht und dass die wirtschaftliche Entwicklung unter Kontrolle bleibt. Allerdings muss dieses Zahlenwerk dann auch dem Finanzamt vorgelegt werden.

## Gründung

Für die Gründung der GbR sind keinerlei Formalitäten vorgeschrieben, nicht einmal ein schriftlicher Vertrag. Selbst eine mündliche Absprache muss nicht ausdrücklich erfolgen, es genügt ein – wie es im Juristendeutsch heißt – „schlüssiger“ oder „konkludenter“ Abschluss. Das ist dann der Fall, wenn sich zwei oder mehr Personen zusammenschließen, die Ärmel aufkrempeln, durch Rat und Tat, Geld oder andere Mittel ihre Beiträge leisten und damit einen gemeinsamen Zweck verfolgen. Ehe sie sich versehen, haben sie so eine GbR gegründet, für welche die gesetzlichen Regelungen gelten.
Diese Regeln bieten zwar den Beteiligten an solch gemeinsamer Aktion einen brauchbaren Schutz vor Übervorteilung, für die Führung eines gemeinsamen Unternehmens taugen sie jedoch nicht. Dies wurde zuvor schon dargelegt.

Tipp Deshalb ist auf jeden Fall ein Gesellschaftsvertrag angebracht. Der sollte aus Gründen der Klarheit unbedingt schriftlich fixiert werden. Dies genügt, sofern kein Grundstück in die GbR eingebracht wird; sonst geht es nicht ohne Notar.

Aber auch wo dieser nicht gefordert ist, sollte trotz der damit verbundenen Kosten nicht am rechtlichen und steuerlichen Rat gespart werden, denn ein schlechter Vertrag kommt unter dem Strich meist teurer zu stehen.

# Verkauf und Nachfolge

Die GbR ist vom BGB als individueller Zusammenschluss von Personen konzipiert, die nicht beliebig austauschbar sind. Wer sich für den Zusammenschluss mit einer bestimmten Kombination von Partnern entschieden hat, soll davor geschützt sein, dass ihm durch Auswechseln oder Ausfallen von Gesellschaftern ganz andere Konstellationen aufgezwungen werden. Deshalb sind Verkauf oder Vererbung von Anteilen grundsätzlich nicht möglich. Wer aussteigen will, muss den Gesellschaftsvertrag kündigen, dann wird liquidiert. Aus demselben Grund führt auch der Tod eines Gesellschafters zur Auflösung der Gesellschaft.

Soweit das gesetzliche Konzept. In der Praxis enthalten die meisten Gesellschaftsverträge Klauseln, die andere Lösungen erlauben. Ihr Ziel ist, die GbR auch bei Wechsel einzelner Gesellschafter überleben zu lassen. Sie regeln, zu welchen Konditionen und vor allem an wen der Anteil übertragen werden kann und welche Mitspracherechte dabei die anderen Gesellschafter haben. Das bedeutet gewöhnlich nicht, dass der Gesellschafter seinen Anteil an beliebige Außenstehende verkaufen kann, sondern es geht vor allem um Möglichkeiten, diesen einem Nachfolger – vorzugsweise aus der Familie – zu überlassen. Für den Erbfall wird festgelegt, ob und in welcher Höhe die Erben ausgezahlt werden oder ob alle oder Einzelne von ihnen in das Unternehmen eintreten und an welche Bedingungen all dies geknüpft sein soll. Im Übrigen können die anderen Gesellschafter bei Ausscheiden oder Tod eines Gesellschafters auch ohne Klausel die Fortsetzung des Unternehmens beschließen.

> ! Der ausgeschiedene Gesellschafter beziehungsweise der Erbe, der ausgezahlt wird, haftet für die bisher entstandenen Gesellschaftsverbindlichkeiten – auch die laufenden wie aus Mietverträgen –, die innerhalb der nächsten fünf Jahre fällig werden, soweit innerhalb dieser Frist Klage erhoben wird („Nachhaftung"). Sonst sind die Forderungen nach fünf Jahren verjährt. Er kann außerdem von den anderen Gesellschaftern verlangen, dass sie ihm diese Verbindlichkeiten vom Leib halten – sei es, indem sie diese durch Erfüllung aus der Welt schaffen, sei es durch Sicherheitsleistungen. Dies hilft ihm allerdings nur, soweit die anderen dazu in der Lage sind.

Tritt der Erbe in die GbR ein, haftet er voll wie der Erblasser. Er kann aber auch die Erbschaft ablehnen, allerdings nur insgesamt, nicht beschränkt auf den GbR-Anteil. Außerdem kann er sich durch Nachlassverwaltung oder Nachlassinsolvenz der Haftung entziehen.
Der Aufwand für die Übertragung hängt vor allem davon ab, ob der Gesellschaftsvertrag überarbeitet werden muss, was nicht notwendig ist, wenn er bereits alle für den Erbfall oder das Ausscheiden notwendigen Regelungen enthält.
Soll der Anteil scheibchenweise übertragen werden, um den 225 000-Euro-Freibetrag bei Erbschaft- und Schenkungsteuer mehrfach zu nutzen, tritt der Nebeneffekt auf, dass mit den Gesellschaftsanteilen auch jeweils ein Scheibchen der Gesellschafterstellung mit allen Rechten und Pflichten übertragen wird. Ist diese Konsequenz unerwünscht, muss über Vertragskonstruktionen nachgedacht werden, die sie abfedern. Im Übrigen kann der Freibetrag bei Erbschaft- und Schenkungsteuer alle zehn Jahre genutzt werden. Bei mehreren Erben oder Beschenkten kann der Unternehmer diesen Freibetrag zwischen ihnen aufteilen.
Bei Verkauf des GbR-Anteils liegt ein Veräußerungsgewinn vor, soweit der Kaufpreis den Buchwert übersteigt. Dafür muss der Verkäufer Einkommensteuer zahlen. Kosten der Veräußerung können gewinnmindernd abgesetzt werden. Gewerbesteuer wird nicht kassiert. Für

eine Immobilie im Gesellschaftsvermögen wird – anders als beim Einzelunternehmen – Grunderwerbsteuer nur beim Verkauf von mindestens 95 Prozent der GbR fällig.
Der Veräußerungsgewinn darf für die Steuer auf fünf Jahre verteilt werden. Ist der Verkäufer 55 Jahre alt oder berufsunfähig, bekommt er mehr Steuervergünstigungen.

## Wechsel der Rechtsform

Wächst eine gewerbliche GbR zur Größe eines kaufmännischen Betriebs, wird sie kraft Gesetzes automatisch zur OHG, muss ins Handelsregister eingetragen werden und sich nach den HGB-Regeln richten.

> **!** Für kleingewerbliche GbRs und GbRs, die nur ihr eigenes Vermögen verwalten, gibt es die Option, sich durch schlichte Eintragung ins Handelsregister in eine OHG zu verwandeln.

Steuerlich tut sich in diesen Fällen nichts. Unproblematisch ist auch die Gründung einer Partnerschaft, wenn Gesellschafter und Betriebsvermögen gleich bleiben. Umständlicher ist dagegen die Überleitung in eine GmbH oder AG. Den direkten Weg der gesetzlichen Umwandlung gibt es nicht. Hier führt an der Liquidation der GbR und der Neugründung der Kapitalgesellschaft – unter Beachtung der Sachgründungsvorschriften – kein Weg vorbei.

## Checkliste: GbR

- ❑ Für wen?
  Für alle, die sich zusammen mit anderen betätigen wollen, aber nicht auf kaufmännischem Gebiet.
- ❑ Handelsrecht?
  Nein.

- Haftung
  Jeder haftet voll für alle Gesellschaftsschulden. Etwas Schutz bietet – anders als bei den übrigen Gesellschaften – die Möglichkeit, die Vollmachten der geschäftsführenden Gesellschafter zu begrenzen.
- Handhabbarkeit
  Wegen der notwendigen Abstimmungen komplizierter als beim Einzelunternehmen. Aber auf finanziellem Gebiet mangels Kapitalerhaltungsvorschriften weniger sensibel als die GmbH.
- Rollenangebote
  Rollenteilung zwischen Gesellschaftern ist möglich, aber die Haftung bleibt. Geschäftsführung und notwendige Qualifikationen müssen bei den Gesellschaftern liegen.
- Kapitalbeschaffung und Mitarbeiterbeteiligung
  Beides als stille Beteiligung möglich. Folge: Einblick in den Jahresabschluss für Investor und Mitarbeiter. Das Fehlen einer auch strafrechtlich abgesicherten Buchführungspflicht senkt die Attraktivität für Investoren.
- Steuern
  Einkommensteuer für die Gewinne der GbR zahlen die Gesellschafter, auch wenn die Gewinne nicht entnommen werden. Ein Vorteil davon: Sie werden – in Grenzen – direkt mit Verlusten aus anderen Einkunftsarten verrechnet. Gewerbesteuer zahlt eine gewerblich tätige GbR direkt. Sie hat den Freibetrag und die Schonsätze bis 72 500 Euro. Geschäftsführergehalt für Gesellschafter spart keine Gewerbesteuer.
- Buchführungspflicht
  Nur ab einem bestimmten Geschäftsvolumen und bei gewerblicher Tätigkeit. Freiberufler sind frei.
- Publizitätspflicht
  Gibt es nicht.
- Image
  Hier ist die GbR kein Faktor von Bedeutung.

- ❏ Gründung
  Rechtlich nicht erforderlich, aber praktisch unverzichtbar ist ein maßgeschneiderter Gesellschaftsvertrag.
- ❏ Verkauf und Nachfolge
  Die GbR ist nicht nachfolgefreundlich. Möglich ist nur, was der Gesellschaftsvertrag vorsieht oder die Mitgesellschafter erlauben. Der Verkäufer haftet weiter für Altschulden, die Erben für alle Verbindlichkeiten. Eine – auch steuerlich günstige – stufenweise Übertragung auf Nachfolger erfordert in der Regel spezielle Vorsorge im Gesellschaftsvertrag. Nachfolger müssen die notwendigen persönlichen Qualifikationen haben, etwa eine Anwaltszulassung.
- ❏ Wechsel der Rechtsform
  Ist zur OHG oder Partnerschaft einfach, zur GmbH und AG kompliziert.

# Teil 5:

# OHG – das Basismodell für Kaufleute

Die offene Handelsgesellschaft, abgekürzt: OHG, ist von ihren Konstruktionsmerkmalen her eine Fortentwicklung der GbR. Sie ist also auch eine Personengesellschaft, genauer eine Personenhandelsgesellschaft. Während allerdings bei der GbR die Betonung mehr auf „Personen“ liegt, steht bei der OHG die Gesellschaft stärker im Vordergrund, also das Unternehmen, zu dem sich die Gesellschafter zusammengeschlossen haben. „Offen“ heißt die OHG übrigens deshalb, weil bei ihr die Gesellschafter gemeinsam nach außen in Erscheinung treten. Den Gegensatz dazu bildet die „stille“ Gesellschaft, bei der die Beteiligung gewissermaßen Privatsache der Gesellschafter ist.

! Die OHG ist speziell für das Handelsgewerbe reserviert, also für eine kaufmännische Betätigung (was das genau ist, können Sie im Kapitel 1 ab Seite 20 nachlesen). Eine Wahlmöglichkeit gibt es nicht: Wer eine Personengesellschaft gründet, die ein käufmännisches Gewerbe betreiben soll, hat automatisch eine OHG ins Leben gerufen.

Soll sich der Zusammenschluss dagegen auf anderen Betätigungsfeldern tummeln (auch auf dem des Kleingewerbes), wird daraus zwangsläufig eine GbR (falls nicht eine Partnerschaft gegründet wurde). Allerdings können die Gesellschafter kleingewerblicher GbRs oder von GbRs, die nur ihr eigenes Vermögen verwalten, durch Eintragung der Gesellschaft ins Handelsregister eine OHG ins Leben rufen.

Eine Sonderregelung gilt für die Land- und Forstwirte. Auch bei einem Unternehmen mit kaufmännischem Volumen ist die Gesellschaft nicht automatisch eine OHG, sondern nur dann, wenn sie ins Handelsregister eingetragen wird. Ob das geschieht, steht Land- und Forstwirten frei. Ohne Eintragung ist ihre Personengesellschaft eine GbR. Haben sie aber die OHG gewählt, können sie zur GbR nur zurück, wenn ihr Betrieb unter kaufmännische Größe schrumpft, sie können es aber auch bei der OHG belassen. Kleinbetriebe haben nicht die Möglichkeit, sich eintragen zu lassen.

Die OHG ist sozusagen die klassische Form für den Zusammenschluss von Kaufleuten, aber ihre Bedeutung geht weit darüber hinaus. Man darf dabei nicht vergessen, dass das Handelsgesetzbuch zu den Kaufleuten nicht nur die Händler im eigentlichen Sinne rechnet, sondern einen sehr großen Teil der aktiv am Wirtschaftsleben beteiligten Tätigkeiten. Und für all diese ist die OHG gedacht.
Nimmt man die in den letzten Jahren erheblich verbesserte steuerliche Behandlung der OHG hinzu, lohnt ein genauerer Blick auf sie für alle, die ein Handelsgewerbe gründen oder fortführen wollen.
Das Folgende gilt uneingeschränkt nur für OHGs mit natürlichen Personen als persönlich haftenden Gesellschaftern. Für OHGs, bei denen diese Rollen von juristischen Personen wie etwa GmbHs übernommen wurden, gelten zum Teil Sonderbestimmungen.

## Haftung

! Die Gesellschafter der OHG haften ohne Beschränkung mit ihrem gesamten Vermögen für alle Verbindlichkeiten der OHG. Das gilt auch für jeden neu dazukommenden Gesellschafter. Er muss auch für die Altschulden geradestehen.

Die einzige Möglichkeit, die Haftung einzuschränken, besteht in Vereinbarungen mit den Geschäftspartnern, also durch Klauseln in Verträgen und Allgemeinen Geschäftsbedingungen. Für Letztere allerdings setzt das Gesetz relativ enge Grenzen. Und in einzeln ausgehandelten Verträgen lassen sich Haftungsbeschränkungen nur durchsetzen, soweit der Markt dies erlaubt.
Ein Gesellschafter hat jederzeit – mit Einverständnis der Mitgesellschafter – die Möglichkeit, sich auf die Kommanditistenrolle zurückzuziehen und damit seine Haftung zu beschränken. Die Beschränkung wirkt erst ab dem Moment, in dem die Änderung in das Handelsregister eingetragen wurde. Und sie wirkt – zunächst – nur für neue Gesellschaftsschulden. Für die alten haftet der Gesellschafter weiter, soweit er deswegen binnen fünf Jahren nach seinem Rückzug auf das

Kommanditistenteil verklagt wurde. Er muss übrigens so lange auch für laufende Verbindlichkeiten etwa aus Miete oder Leasing einstehen, die zur Zeit seines Gesellschafterdaseins ins Leben gerufen wurden.

## So funktioniert die OHG

In weiten Teilen läuft es bei der OHG genau wie bei der GbR. Jeder Gesellschafter leistet seinen Beitrag zur OHG, der in Geld, Betriebsvermögen, aber auch im Einbringen von Arbeitsleistung, Know-how, Geschäftsbeziehungen oder Rechten wie Patenten und Marken bestehen kann. Alle Gesellschafter sind zur Geschäftsführung berufen, jeder von ihnen kann die OHG vertreten, im Unterschied zur GbR aber grundsätzlich alleine. Der Gesellschaftsvertrag kann Geschäftsführung und Vertretung abweichend bestimmen, etwa einzelnen Gesellschaftern oder auch mehreren gemeinschaftlich zuweisen oder die Aufgaben nach Ressorts verteilen.

! Anders als bei der GbR kann der Gesellschaftsvertrag allerdings nicht die Vertretungsmacht der Gesellschafter beschränken. Jeder von ihnen kann die OHG alleine und in jeder Art von Geschäften wirksam vertreten.

Das gilt auch für Immobiliengeschäfte. Für die Wirksamkeit der Vertretung spielt es keine Rolle, ob der Gesellschafter dies nach der Verteilung der Geschäftsführung durfte. Der Kaufvertrag über ein Grundstück beispielsweise ist auch wirksam, wenn er von einem von der Geschäftsführung ausgeschlossenen Gesellschafter abgeschlossen wird. Das braucht den Käufer nicht zu interessieren. Hier gibt es nur die Möglichkeit, dass die anderen Gesellschafter vom Verkäufer des Grundstücks Schadenersatz wegen Verletzung des Gesellschaftsvertrages verlangen oder auch seinen Ausschluss aus der Gesellschaft betreiben. Konsequenz dieser Regelung ist natürlich auch, dass alle Gesellschafter für diese Verträge haften.

Jeden Gesellschafter trifft ein Wettbewerbsverbot. Er darf also weder als Einzelunternehmer noch als persönlich haftender Gesellschafter eines anderen Unternehmens in Konkurrenz zur eigenen OHG treten.

Zufuhr und Abzug von Kapital aus der Gesellschaft, Verteilung von Gewinn und sonstige Entnahmen laufen wie bei der GbR, allerdings ist Grundlage hierfür bei der OHG die Bilanz, zu deren Erstellung diese verpflichtet ist. Das Geld fließt zwischen OHG und Gesellschaftern in beide Richtungen leichter als bei der GmbH, weil es Probleme wie Kapitalerhaltung oder verdeckte Gewinnausschüttung hier nicht gibt. Eine Erschwernis des Geldverkehrs zwischen Unternehmen und Unternehmern im Verhältnis zum Einzelunternehmer ist die notwendige Abstimmung zwischen den Gesellschaftern.
Die OHG ist deutlich stärker als die GbR auf Kontinuität hin konstruiert, auch wenn die Gesellschafter wechseln.
Tod, Kündigung oder Insolvenz eines Gesellschafters bedeuten nicht das Ende der OHG, sondern nur, dass der betreffende Gesellschafter ausscheidet, die OHG existiert weiter.

Ein interessanter Vorteil der OHG gegenüber den anderen Personengesellschaften – also GbR und Partnerschaftsgesellschaft – ist die Möglichkeit für persönlich haftende Gesellschafter, sich auf die Kommanditistenrolle zurückzuziehen. Dabei wird natürlich aus der OHG eine KG. Und umgekehrt besteht die Möglichkeit für Kommanditisten, in die Rolle der persönlich haftenden Gesellschafter zu schlüpfen.

Selbstverständlich setzt beides eine entsprechende Regelung im Gesellschaftsvertrag oder das Einverständnis der anderen Gesellschafter voraus. Dieser Rollenwechsel hat den Vorzug gegenüber der Rollenverteilung, die der Gesellschaftsvertrag zwischen den persönlich haftenden Gesellschaftern vornehmen kann, dass er sich auf die Haftung auswirkt, wenn auch mit fünfjähriger Verzögerung.

## Kapitalbeschaffung und Mitarbeiterbeteiligung

Die OHG kann Investoren und Mitarbeiter auf zwei Wegen einbinden, als stille Gesellschafter (Einzelheiten siehe Kapitel 11) und als Kommanditisten (Details und Vergleich beider Möglichkeiten im Kapitel über die KG ab Seite 99). Diese Gestaltungsmöglichkeiten dürften zusammen mit der verbesserten Kontrolle durch gesetzliche Buchführungspflicht ein Pluspunkt für Investoren sein, der die Attraktivität der OHG im Vergleich zur GbR erhöht.
Die Folge ist bei beiden Varianten das Recht auf Einsicht der Mitarbeiter in den Jahresabschluss. Wird dieses Recht gestrichen, kann die Sozialversicherung Gewinnbeteiligungen als normales Gehalt behandeln und dafür kassieren.

## Steuern

Es gilt uneingeschränkt dasselbe wie für die GbR.

## Buchführung

Für die OHG bestehen dieselben Pflichten wie für den Kaufmann: Sie muss laut HGB Bücher führen und einen Jahresabschluss inklusive Bilanz nach Handelsrecht aufstellen. Bei Wachstum deutlich über die Größe eines mittelständischen Unternehmens hinaus kommen Prüfungs- und Publizitätspflichten dazu.

## Gründung

Gegründet wird die OHG durch Abschluss des Gesellschaftsvertrages. Für diesen ist keine Form vorgeschrieben. Es genügt die mündliche

Absprache. Schriftliche Fixierung empfiehlt sich aber wegen der Wichtigkeit der Angelegenheit auf jeden Fall. Dabei sollten als Minimum die Gesellschafter und ihre Einlagen sowie das Stimmrecht festgehalten werden. Brauchen die Gesellschafter die erwirtschafteten Gewinne zur Deckung der Kosten ihrer laufenden Lebensführung, müssen auch Regelungen für die Auszahlung getroffen werden, da das HGB nur eine jährliche Gewinnausschüttung vorsieht.
Schließlich muss überlegt werden, ob bei Tod eines Gesellschafters für ihn ein Nachfolger in die OHG eintreten soll. Ohne eine solche Regelung müssen seine Erben ausgezahlt werden, haben aber keinen Anspruch auf eine Stellung als Gesellschafter. Für solche Bestimmungen empfiehlt sich ebenso wie für detailliertere Regelungen über die Geschäftsführung unbedingt eine qualifizierte Rechtsberatung durch einen Anwalt oder Notar. Der Vertrag muss allerdings nicht vor einem Notar geschlossen werden. Eine steuerliche Beratung ist jedoch zusätzlich anzuraten.

Vor der Unterzeichnung des Vertrages sollte übrigens bedacht werden, dass dieser später nicht mehr einseitig geändert werden kann. Enthält er Klauseln, die einem Gesellschafter nicht gefallen, ist er für eine Änderung auf das Einverständnis der Mitgesellschafter angewiesen, das er nicht ohne weiteres bekommen wird, wenn die Änderung für diese einen Nachteil bedeutet. Dann bleibt ihm nichts anderes übrig, als die Kröte zu schlucken oder – soweit der Vertrag das zulässt – aus der Gesellschaft auszusteigen beziehungsweise diese zu kündigen. Vor der Unterschrift zu verhandeln ist in jedem Fall besser, weil er dann seine Teilnahme von einer ihm adäquaten Vertragsgestaltung abhängig machen kann. Damit lässt sich zwar nicht alles durchsetzen, er ist aber nicht vom bloßen Wohlwollen der anderen abhängig.

Mit Abschluss des Vertrages ist die OHG allerdings noch nicht automatisch nach außen wirksam. Zum Beispiel sind die gesetzlichen Bestimmungen, dass jeder Gesellschafter die OHG unbeschränkt vertreten kann und dass die anderen Gesellschafter dafür haften, damit noch nicht in Kraft getreten. Dazu ist ein weiterer Akt notwendig, nämlich die Eintragung der OHG ins Handelsregister. Denselben Effekt hat es auch, wenn die OHG ihre Geschäfte aufnimmt. Diese zweite Möglichkeit besteht aber nur, soweit die OHG die Geschäfte eines Kaufmannes betreibt, der schon ohne Eintragung ins Handelsregister als Kaufmann angesehen wird.

! Die Eintragung ins Handelsregister ist auf jeden Fall Pflicht. Sie erfolgt durch alle Gesellschafter. Dabei müssen sie Folgendes angeben: die vollständigen Namen, Stand und Wohnort der Gesellschafter, die Firma, also den Namen der OHG und ihren Sitz, sowie das Datum, an dem die OHG ihre Geschäfte aufgenommen hat oder aufnehmen wird. Das muss der Notar beurkunden.

Die Gebühren für Handelsregister und Notar sind gleichzeitig die Mindestkosten der Gründung. Sie betragen beispielsweise 108 Euro plus 54 Euro für den Notar bei zwei Gesellschaftern, 132 Euro plus 66 Euro bei drei und 162 Euro plus 81 Euro bei vier Gesellschaftern. Beim Notar kommen noch Mehrwertsteuer und Auslagen dazu. Das ist erschwinglich. Wesentlich mehr fallen dagegen die Kosten für rechtliche und steuerliche Beratung ins Gewicht.

## Verkauf und Nachfolge

Die Regeln für die OHG unterscheiden sich erheblich von denen der GbR.

! Wie bei dieser können zwar die Anteile und die damit verbundene Stellung als Mitgesellschafter nicht frei übertragen werden, aber der Tod eines Gesellschafters bedeutet nicht das Ende der OHG; er scheidet aus, seine Erben werden ausgezahlt. Die gleiche Situation gibt es bei Kündigung der Gesellschaft durch eines ihrer Mitglieder.

Soll den Erben die Tür zum Einstieg in die OHG offen gehalten werden, muss das im Gesellschaftsvertrag festgelegt sein, der dann auch bestimmt, ob ein oder alle Erben Gesellschafter werden sollen. Geregelt sein kann auch, ob, zu welchen Konditionen und vor allem an wen Anteile übertragen werden können und inwieweit die anderen Gesellschafter dabei ein Wörtchen mitzureden haben. Diese Möglichkeit gibt es jedoch meistens nur für Nachfolger aus der Familie.

! Der ausgeschiedene Gesellschafter beziehungsweise der Erbe, der ausgezahlt wird, haftet für die bis dahin entstandenen Gesellschaftsverbindlichkeiten sowie für die zu diesem Zeitpunkt laufenden Verpflichtungen (etwa aus Leasing), die innerhalb der nächsten fünf Jahre fällig werden (Nachhaftung). Die Forderungen verjähren, falls nicht innerhalb dieser fünf Jahre Klage erhoben wird. Er kann außerdem von den anderen Gesellschaftern verlangen, dass sie ihn von den Verbindlichkeiten freistellen, sei es durch Erfüllung der Forderungen oder durch Sicherheitsleistungen.

Tritt der Erbe in die OHG ein, haftet er voll wie der Erblasser mit allem, was er hat, und zwar ohne Limit auch für die Altschulden. Wird er nach dem Gesellschaftsvertrag automatisch Gesellschafter, kann er innerhalb von drei Monaten verlangen, stattdessen Kommanditist zu werden. Akzeptieren die anderen Gesellschafter dies – was sie nicht tun müssen –, haftet er für die Altschulden nur als Erbe. Das heißt, er kann sich durch Nachlassinsolvenz oder Nachlassverwaltung aus der Affäre ziehen. Wird sein Wunsch abgelehnt, hat er das Recht, sofort aus der OHG auszusteigen. Er wird dann ausgezahlt und haftet auch

in diesem Fall nur als Erbe. Natürlich kann er auch die Erbschaft insgesamt ablehnen.
Bei klarer Regelung im Gesellschaftsvertrag ist der Übergang der Anteile mit keinem Aufwand verbunden. Anders kann das bei schrittweiser Überschreibung zum Steuersparen (Näheres dazu gleich) sein, wenn die Konsequenz unerwünscht ist, dass der Nachfolger mit jedem Stück vom Anteilskuchen sofort auch die zugehörigen Rechte und Pflichten übertragen bekommt. Dann müssen vertragliche Vorkehrungen getroffen werden, um diese Folge abzumildern.
Wird der Gesellschaftsanteil verkauft, muss für den Veräußerungsgewinn Einkommensteuer gezahlt werden. Gewinn ist der Betrag, um den der Verkaufspreis den Buchwert übersteigt. Die Kosten des Verkaufs können abgesetzt werden. Gewerbesteuer fällt nicht an, Grunderwerbsteuer für eine Immobilie im Gesellschaftsvermögen nur bei Verkauf von mindestens 95 Prozent der OHG. Der Veräußerungsgewinn darf für die Steuer auf fünf Jahre verteilt werden. Mehr Steuervergünstigungen gibt es, wenn der Verkäufer 55 Jahre alt oder berufsunfähig ist.
Auch hier gibt es bei Erbschaft oder Schenkung von OHG-Anteilen an zukünftige Erben einen Freibetrag von 225 000 Euro bei der Erbschaft- oder Schenkungsteuer, und zwar alle zehn Jahre. Diesen Freibetrag kann der Unternehmer zwischen mehreren Erben oder Beschenkten aufteilen.

## Wechsel der Rechtsform

Zur KG wird die OHG ohne Probleme durch Aufnahme von Kommanditisten oder durch Wechsel von Gesellschaftern aus der Rolle des Komplementärs in die des Kommanditisten. Wenn die OHG sich nicht mehr gewerblich, sondern etwa freiberuflich betätigt, wird sie automatisch zur GbR. Ist sie kleingewerblich tätig, ist also „nach Art oder Umfang ein in kaufmännischer Weise eingerichteter Geschäftsbetrieb“ nicht oder nicht mehr erforderlich, können – müssen aber nicht – die Gesellschafter sie zur GbR umwandeln, indem sie die OHG aus dem

Handelsregister streichen lassen. Zur GmbH wird die OHG nach den Regeln des Umwandlungsrechts, also auch relativ elegant. Allerdings können sich natürlich die Komplementäre nicht von einem Tag auf den anderen aus der persönlichen Haftung stehlen. Sie müssen für die bei der Umwandlung vorhandenen Verbindlichkeiten der OHG weiter einstehen. Fazit: Insgesamt ist die OHG recht wandlungsfähig.

## Checkliste: OHG

- ❑ Für wen?
  Für alle, die sich zusammen mit anderen kaufmännisch betätigen wollen.
- ❑ Handelsrecht?
  Ja.
- ❑ Haftung
  Volle Haftung aller Gesellschafter für alle Schulden, ohne Möglichkeit der Begrenzung, fünf Jahre für die Altschulden auch bei Ausscheiden oder Rückzug auf die Kommanditistenrolle.
- ❑ Handhabbarkeit
  Wegen der notwendigen Abstimmungen komplizierter als beim Einzelunternehmen. Geldbewegungen zwischen OHG und Gesellschaftern gehen aber einfacher vonstatten als bei der GmbH.
- ❑ Rollenangebote
  Rollenteilung zwischen den Gesellschaftern ist möglich, aber die Haftung bleibt. Allerdings gibt es die Möglichkeit, in die Kommanditistenposition zu wechseln. Dann läuft die Haftung nach fünf Jahren aus.
- ❑ Kapitalbeschaffung und Mitarbeiterbeteiligung
  Als stille Beteiligung und Kommanditeinlage möglich. Das erhöht zusammen mit der gesetzlichen Buchführungspflicht die Attraktivität für Investoren. Mitarbeiter bekommen Einblick in den Jahresabschluss.

- ❑ Steuern
  Die Besteuerung sieht exakt aus wie bei der GbR, das heißt: Einkommensteuer für die Gewinne zahlen die Gesellschafter, auch wenn sie nicht entnommen werden. Ein Vorteil: Sie werden direkt mit Verlusten aus anderen Einkunftsarten verrechnet. Gewerbesteuer zahlt die OHG direkt. Es gelten der Freibetrag und die Schonsätze bis 72 500 Euro. Geschäftsführergehalt für Gesellschafter spart keine Gewerbesteuer.
- ❑ Buchführungspflicht
  Nach HGB einschließlich Bilanzierung.
- ❑ Publizitätspflicht
  Nur bei Wachstum deutlich über die Größe eines mittelständischen Unternehmens.
- ❑ Image
  „OHG" vermittelt das Gefühl einer gewissen Solidität, sollte als eigenständiger Imagefaktor aber nicht überschätzt werden.
- ❑ Gründung
  Die unvermeidbaren Kosten sind niedrig. Allerdings empfiehlt sich rechtliche und eventuell steuerliche Beratung für den Gesellschaftsvertrag. Das ist nicht billig.
- ❑ Verkauf und Nachfolge
  Die OHG ist nicht für die Nachfolge konstruiert. Möglich ist nur, was Gesellschaftsvertrag oder Mitgesellschafter erlauben. Der Verkäufer haftet weiter für Altschulden, die Erben für alle Verbindlichkeiten. Der Erbe einer Gesellschafterstellung kann verlangen, Kommanditist zu werden, und er ist in der Lage, bei Ablehnung auszusteigen. Eine – auch steuergünstige – stufenweise Übertragung auf Nachfolger erfordert in der Regel spezielle Vorsorge im Gesellschaftsvertrag.
- ❑ Wechsel der Rechtsform
  Ist nach allen Seiten einfach.

# Teil 6:

# KG – die schönste Seite der OHG

Es ist kaum übertrieben zu sagen: „Das Beste an der OHG ist die KG." Durch Aufnahme von Kommanditisten lässt sich nämlich aus der OHG im Handumdrehen eine Kommanditgesellschaft machen. Dazu ist eine einfache Änderung des Gesellschaftsvertrages und die Eintragung ins Handelsregister notwendig.

! Die Kommanditisten spielen eine von den persönlich haftenden Gesellschaftern sehr verschiedene Rolle, insbesondere haften sie nicht persönlich, sondern – ganz wie bei der GmbH – nur mit ihrer Einlage.

Damit ist die KG interessant für reine Geldgeber, aber auch für die Beteiligung von Familienangehörigen. Diese könnten zwar auch bei einer OHG mitmachen und dabei von der Geschäftsführung ausgeschlossen werden. Das würde aber nichts an ihrer persönlichen Haftung ändern. Mit der KG eröffnet sich ein großes Spektrum von Gestaltungsmöglichkeiten und Rollenverteilungen im Unternehmen. Und das ist auch ein Vorteil der OHG, weil diese jederzeit in eine KG verwandelt werden kann. Es ist deshalb kein Wunder, dass es im Wirtschaftsleben weit mehr KGs als OHGs gibt.
Für die persönlich haftenden Gesellschafter der KG gilt dasselbe wie bei der OHG. Das dort Gesagte wird hier deshalb nicht wiederholt, sondern es werden nur die Besonderheiten ausgeführt, welche die KG betreffen.

## Haftung

Den persönlich haftenden Gesellschaftern geht es nicht besser als bei der OHG. Ganz anders sieht es mit den Kommanditisten aus. Sie haften grundsätzlich nur mit ihrer Einlage und bis zur Höhe der Einlage. Ist die Einlage ins Handelsregister eingetragen oder von der Gesellschaft anders bekannt gemacht worden, können sich Gläubiger der KG wegen ihrer Forderungen auch direkt an die Kommanditisten halten, soweit diese die Einlage noch nicht tatsächlich einbezahlt haben, aber nur bis zur Höhe der Einlage. Nach deren Einzahlung sind die Kommanditisten persönlich aus dem Schneider.

Allerdings sollten die Kommanditisten ein Auge darauf haben, dass ihre Einlage auch tatsächlich bei der KG bleibt und ihnen nicht zurückgezahlt wird. Das hätte nämlich die Wirkung, dass die Einlage als nicht eingezahlt angesehen wird. Die Folge: Die Gläubiger können sich wieder direkt an die Kommanditisten halten. Denselben Effekt hat es, wenn den Kommanditisten Gewinne ausgezahlt werden, obwohl ihre Anteile in den roten Zahlen stehen, weil die KG insgesamt Verluste geschrieben hat.

Die positiven Ergebnisse müssen nämlich erst einmal zur Auffüllung der Anteile verwendet werden, bevor ausgezahlt werden darf. Allerdings ist der Kommanditist hier auf der sicheren Seite, wenn die Gewinne aufgrund einer Bilanz ausgezahlt wurden, die erstens von der KG in gutem Glauben – wenn auch falsch – erstellt wurde und an die – zweitens – der Kommanditist selbst auch geglaubt hat. So viel Glauben kommt eher selten vor.

Es gibt jedoch ein wesentlich größeres, allerdings beherrschbares Risiko für den Kommanditisten: die Zeit zwischen der Unterzeichnung des Gesellschaftsvertrags und der Eintragung ins Handelsregister.

Betätigt sich die KG wie ein Kaufmann, wird sie bereits mit Aufnahme der Geschäfte wirksam. Als Folge davon haften ab diesem Moment die Gesellschafter. (Siehe dazu im Kapitel über die OHG den Abschnitt „Gründung".) Steigt eine KG in dieser Phase mit Zustimmung des Kommanditisten ins Geschäftsleben ein, haftet dieser für die vor der Eintragung entstehenden Schulden voll, also mit seinem gesamten Vermögen, wie ein persönlich haftender Gesellschafter. Anders ist das nur, falls die Geschäftspartner seine Kommanditistenrolle positiv kennen.

**Tipp** Das kann bei einem Blitzstart in große Geschäfte oder bei einer längeren Verzögerung der Eintragung ausgesprochen gefährlich werden. Es gibt dagegen zwei Schutzmittel: Entweder stimmt der Kommanditist der Geschäftsaufnahme einfach nicht zu, was er tunlichst irgendwo dokumentieren sollte, möglichst im Gesellschaftsvertrag. Oder er sorgt für eine Klausel im Gesellschaftsvertrag, die etwa so lauten könnte: „Der Beitritt des Kommanditisten wird erst mit der Eintragung im Handelsregister wirksam." Dann ist er – so hat der Bundesgerichtshof entschieden – in Sicherheit.

Das gleiche Risiko trifft übrigens einen später eintretenden Kommanditisten: Er haftet persönlich für die Schulden, welche die KG in der Zeit zwischen Beitritt und Eintragung ins Handelsregister macht. Er kann der Aufnahme der Geschäfte schlecht widersprechen – dazu müsste sich die KG eine Zeit lang tot stellen –, er hat aber dieselbe Klausel-Möglichkeit wie oben: „Der Beitritt des Kommanditisten wird erst mit der Eintragung im Handelsregister wirksam."

## So funktioniert die KG

Die persönlich haftenden Gesellschafter spielen dieselbe Rolle wie bei der OHG. Sie sind für Geschäftsführung und Vertretung der KG zuständig. Die Kommanditisten sind von Geschäftsführung und Vertretung der KG ausgeschlossen. Sie trifft kein Wettbewerbsverbot. Das bedeutet, sie dürfen sich auf jede Art und Weise in jeder Art von Konkurrenzunternehmen betätigen, soweit nicht der Gesellschaftsvertrag dies verbietet. Anders als GmbH-Gesellschafter haben die Kommanditisten keinerlei Weisungs- oder Einflussmöglichkeiten auf die Geschäftsführung, sondern nur ein recht beschränktes Kontrollrecht. Sie können eine Abschrift des Jahresabschlusses verlangen und sind berechtigt, dessen Richtigkeit anhand der Bücher und Geschäftspapiere der KG zu überprüfen. Sie haben – anders als der von der Geschäftsführung ausgeschlossene Gesellschafter der OHG – auch bei

Verdacht auf unredliche Geschäftsführung kein weitergehendes Überprüfungsrecht. Ein solches können sie nur durchsetzen, wenn dazu ein so genannter „wichtiger Grund" besteht. Dazu müssen sie aber die Gerichte bemühen.

**!** Der Kommanditist hat Anspruch auf einen seiner Einlage entsprechenden Anteil am Gewinn. Eine Auszahlung kann er nur verlangen, soweit sein Kapitalanteil nicht durch Verluste in der Vergangenheit gemindert ist.

Ist dieser beispielsweise durch Verluste in den vergangenen Jahren von 100 000 Euro auf 50 000 Euro geschrumpft, steht ihm auch dann nichts zu, wenn die KG im letzten Jahr für seinen Anteil einen Gewinn von 25 000 Euro erwirtschaftet hat. Dies führt lediglich zu einer gewissen Gesundung seines Kapitalanteils, der dann wieder 75 000 Euro beträgt. Erst wenn die 100 000-Euro-Grenze überschritten wird, fließen wieder Gewinne. Wird übrigens vorher ausgezahlt, riskiert der Gesellschafter persönliche Haftung (siehe Seite 100).

Dies alles gilt für die KG, wie das HGB sie konzipiert hat. Die Praxis kann bei entsprechendem Gesellschaftsvertrag ganz anders aussehen. Es ist durchaus zulässig, dass Kommanditisten an Geschäftsführung und Vertretung der KG beteiligt werden. Aber auch wenn sie nicht direkt an vorderster Front stehen sollen, können ihre Einflussmöglichkeiten und Kontrollrechte verstärkt werden. Dies sind gute Voraussetzungen, um die KG präziser an die Bedürfnisse des jeweiligen Unternehmens und seiner Inhaber anzupassen.

Möglich ist bei der KG auch ein Rollenwechsel zwischen den Beteiligten. Ein persönlich haftender Gesellschafter kann Kommanditist werden, ein Kommanditist persönlich haftender Gesellschafter.

Dies bekommt allerdings durch einen haftungsrechtlichen Wermutstropfen einen leicht bitteren Beigeschmack: Wer sich aus der persönlichen Haftung auf den ruhigeren Kommanditistenposten zurückzieht, haftet weiter für alle zum Zeitpunkt des Rollenwechsels bestehenden Ansprüche, soweit er innerhalb von fünf Jahren deswegen verklagt wird. Dasselbe gilt für die in diesem Augenblick laufenden Verträge wie Miete oder Darlehen. Wer umgekehrt aus der Kommanditistenrolle in die des persönlich haftenden Gesellschafters vorrückt, haftet für sämtliche Schulden der KG, also auch für alle Verbindlichkeiten aus grauer Vorzeit. Im Übrigen muss ein solcher Wechsel durch den Gesellschaftsvertrag erlaubt oder von den anderen Gesellschaftern abgesegnet sein.

Dasselbe gilt generell für die Übertragung von Kommanditanteilen. Dies bedeutet nämlich eine Änderung im Gesellschaftsvertrag und der müssen grundsätzlich alle Gesellschafter einschließlich der Kommanditisten zustimmen. Aber – wie gesagt – im Gesellschaftsvertrag kann das anders geregelt sein. Dort kann zum Beispiel festgeschrieben sein, dass Kommanditanteile frei übertragbar sind.

Generell geht die Übertragung von Kommanditanteilen bei richtiger Handhabung ohne Haftungsprobleme über die Bühne. Wichtig hierfür ist die klare und eindeutige Vereinbarung, dass der Neukommanditist Rechtsnachfolger des Altkommanditisten ist. Dies muss auch ins Handelsregister eingetragen werden.

Dann gilt die Einzahlung durch den Ausscheidenden auch für den neu eintretenden Kommanditisten – allerdings in jeder Hinsicht: War bei dem Kommanditanteil „der Wurm reingekommen“, muss der Neukommanditist die Folgen ausbaden, etwa bei unberechtigten Auszahlungen. Ohne die korrekte Eintragung ins Handelsregister wird so getan, als sei ein Kommanditist ausgeschieden und ein neuer eingetreten, als gäbe es also zwei Kommanditisten. Die vom Ausscheidenden geleistete Einlage wird gewissermaßen dem Neuen gutgeschrieben. Der wird also so behandelt, als habe er korrekt seine Einlage geleistet. Der Ausscheidende dagegen wird so angesehen, als sei ihm die Einlage zurückgezahlt worden, und das bedeutet, dass er den Gesellschaftsgläubigern gegenüber weiterhin haftet.

! Dies macht deutlich, dass das schlichte Ausscheiden aus der Kommanditistenrolle ohne Nachfolger unter gleichzeitiger Auszahlung des Anteils nicht so einfach möglich ist. Damit sich das überhaupt auf die Haftung des Kommanditisten auswirkt, muss die Einlage entsprechend herabgesetzt und so ins Handelsregister eingetragen werden.

Auch dies hilft nur gegen neue Verbindlichkeiten der KG, für die bis zur Eintragung entstandenen haftet der Kommanditist bis zur Höhe seiner ursprünglichen Einlage. Übrigens ist das kein Minuspunkt im Vergleich zu den Kapitalgesellschaften, denn auch da ist die Zurückzahlung von Kapital – wenn überhaupt – nur unter erschwerten Bedingungen möglich. Es gilt auch dort: Wer aus der Gesellschaft ausscheiden will, muss seine Anteile verkaufen.

## Kapitalbeschaffung und Mitarbeiterbeteiligung

Investoren und Mitarbeiter können als stille Gesellschafter (siehe auch Kapitel 11) oder Kommanditisten beteiligt werden. In der Praxis scheidet die Kommanditistenlösung dann aus, wenn eine größere Anzahl Mitarbeiter einbezogen werden soll, denn jeder Einzelne müsste ins Handelsregister eingetragen und – bei Ausscheiden – gelöscht werden: zu teuer, zu aufwändig. Auch bei der Finanzierung wird meist eine stille Beteiligung bevorzugt: Diese bietet noch mehr Gestaltungsspielraum, insbesondere auch bei den Steuern, im Insolvenzfall steht der stille Gesellschafter etwas besser da als der Kommanditist und sein Engagement kann ohne Registereintragung auf Wunsch ganz diskret abgewickelt werden. Wie bei der OHG bekommen Mitarbeiter bei beiden Beteiligungsformen Einblick in den Jahresabschluss, der ihnen sonst mangels Publizitätspflicht nicht zugänglich wäre. Investoren verlangen diese Informationen und mehr ohnehin. Für sie bedeutet die gesetzliche Buchführungspflicht ein Vertrauensplus.

## Steuern

Die KG wird genauso besteuert wie die OHG. Eine Besonderheit gilt für die Kommanditisten, da sie nur mit ihrer Kommanditeinlage haften, also ähnlich beschränkt wie der GmbH-Gesellschafter.

! Lassen schlechte Geschäftsergebnisse der KG den Kapitalanteil eines Kommanditisten schrumpfen, ist das für ihn ein Verlust. Diesen kann er nur bis zur Höhe seiner Einlage zum Steuersparen mit anderen Einkünften verrechnen. Liegen seine Verluste höher, weil sein Kapitalkonto durch KG-Verluste in die roten Zahlen gerutscht ist, kann er diese nur von KG-Gewinnen aus späteren Jahren absetzen.

## Buchführung

Es verhält sich wie bei der OHG: Das Handelsgesetzbuch verlangt Buchführung plus Jahresabschluss inklusive Bilanz nach Handelsrecht. Bei Wachstum deutlich über die Größe eines mittelständischen Unternehmens hinaus kommen Prüfungs- und Publizitätspflichten dazu.

## Gründung

Die Gründung läuft wie bei der OHG. Die Kosten der Eintragung ins Handelsregister richten sich nach der Höhe der Kommanditeinlage(n) und der Anzahl der persönlich haftenden Gesellschafter. Sie betragen etwa bei 50 000 Euro Einlage und einem Komplementär 177 Euro für das Handelsregister plus 88,50 Euro für den Notar, bei 250 000 Euro und drei Komplementären 507 Euro plus 253,50 Euro. Beim Notar kommen Mehrwertsteuer und Auslagen hinzu. Bei der Anmeldung zum Handelsregister durch alle Gesellschafter, also auch durch die Kommanditisten, müssen zusätzlich deren Namen und die Höhe ihrer jeweiligen Einlage mitgeteilt werden.

## Verkauf und Nachfolge

Für die persönlich haftenden Gesellschafter der KG gilt uneingeschränkt dasselbe wie bei der OHG. Anders ist es bei den Kommanditisten. Hier bestimmt das HGB, dass die Erben einfach den Platz des verstorbenen Kommanditisten einnehmen, falls der Gesellschaftsvertrag diesen Fall nicht ausdrücklich anders regelt.

## Wechsel der Rechtsform

Auch in puncto Wandlungsfähigkeit gilt für die KG dasselbe wie für die OHG: Die KG wird zur OHG durch Ausscheiden der Kommanditisten oder durch deren Wechsel in die Rolle des Komplementärs. Die Verwandlung in eine GbR setzt die Aufgabe des Handelsgewerbes voraus. Zur GmbH oder AG wird die KG nach den Regeln des Umwandlungsrechts, also auch relativ elegant. Die Komplementäre haften in diesem Fall weiter für die bei der Umwandlung bestehenden Verbindlichkeiten der KG.

# Checkliste: KG

- ❑ Für wen?
  Für alle, die sich zusammen mit anderen kaufmännisch betätigen wollen, wenn alle oder einige Teilhaber von persönlicher Haftung und Geschäftsführung ausgeschlossen sein sollen. Das sind die Kommanditisten.
- ❑ Handelsrecht?
  Ja.
- ❑ Haftung
  Die persönlich haftenden Gesellschafter haften ohne Limit. Auch bei Ausscheiden oder Rückzug auf die Kommanditistenrolle müssen sie fünf Jahre für die Altschulden einstehen. Die Kommanditisten haften dagegen nur bis zur Höhe ihrer Einlage.
- ❑ Handhabbarkeit
  Fehler bei den Kommanditeinlagen gefährden die Haftungsbeschränkung. Die Risiken sind aber gut beherrschbar. Geldbewegungen zwischen KG und Gesellschaftern finden einfacher statt als bei der GmbH, erfordern bei den Kommanditisten jedoch mehr Fingerspitzengefühl als bei der OHG.
- ❑ Rollenangebote
  Eine sehr variable Rechtsform, die durch die Haftungsbeschränkung für Kommanditisten eine große Zahl interessanter Rollenverteilungen bietet. Rollenwechsel ist möglich, allerdings nicht mit sofortiger Haftungsbefreiung. Was bleibt, ist die persönliche Haftung mindestens eines Gesellschafters.
- ❑ Kapitalbeschaffung und Mitarbeiterbeteiligung
  Wie bei der OHG als stille Beteiligung und Kommanditeinlage möglich. Das erhöht zusammen mit der gesetzlichen Buchführungspflicht die Attraktivität für Investoren. Mitarbeiter bekommen Einblick in den Jahresabschluss.
- ❑ Steuern
  Die KG wird genauso besteuert wie die OHG. Die Gesellschafter zahlen für die Gewinne Einkommensteuer, auch wenn nicht ausgeschüttet wird. Sie werden direkt mit Verlusten aus anderen Ein-

kunftsarten verrechnet. Die Kommanditisten können dagegen Verluste aus der KG nur begrenzt mit anderen Gewinnen verrechnen. Gewerbesteuer zahlt die KG direkt. Sie erhält den Freibetrag und die Schonsätze bis 72 500 Euro. Geschäftsführergehalt für Gesellschafter spart keine Gewerbesteuer.

❏ Buchführungspflicht
Nach HGB einschließlich Bilanzierung.

❏ Publizitätspflicht
Gibt es nicht, außer für GmbH & Co. KG sowie AG & Co. KG.

❏ Image
„KG" wirkt vielleicht etwas moderner als „OHG", sollte aber ebenfalls als Imagefaktor nicht überschätzt werden.

❏ Gründung
Wie bei der OHG.

❏ Verkauf und Nachfolge
Für die persönlich haftenden Gesellschafter gilt dasselbe wie für die OHG. Die Vererbung der Kommanditanteile bereitet keine Probleme, ebenso wenig ihr Verkauf, soweit vom Gesellschaftsvertrag erlaubt.

❏ Wechsel der Rechtsform
Ist nach allen Seiten einfach.

# Teil 7:

# Partnerschaft – nur für Freiberufler

Seit 1995 gibt es die Rechtsform der Partnerschaftsgesellschaft. Sie ist exklusiv den Freiberuflern vorbehalten, die natürlich auch andere Rechtsformen wählen können. Bei der Partnerschaft gilt im Gegensatz zur GmbH gegenüber der Klientel das Prinzip der persönlichen Verantwortung. Der Klient weiß, mit wem er es zu tun hat. Darin soll eine spezifische Chance der Freiberufler gegenüber den Großen liegen.

! Im Unterschied zur GbR bietet das Gesetz über die Partnerschaftsgesellschaften seit 1998 eine attraktive Haftungsbegrenzung: Für berufliche Fehler haftet – außer dem Gesellschaftsvermögen – persönlich nur der Partner, der jeweils die Leistung erbringt.

Das erleichtert die Bildung von größeren Einheiten – eine Tendenz, die auch in Bezug auf Freiberufler nicht aufzuhalten ist – und fördert die Zusammenarbeit verschiedener Spezialisierungen oder Professionen, die sich mangels einschlägiger Kenntnisse kaum gegenseitig wirksam kontrollieren könnten. Damit stellt diese Rechtsform eine diskutable Alternative zur Kapitalgesellschaft dar. Gegenüber der GbR weist die Partnerschaftsgesellschaft keine spürbaren Nachteile auf.
Die Bezeichnungen „und Partner“ oder „Partnerschaft“ sind seit 1. Juli 1997 exklusiv für die Freiberuflerzusammenschlüsse reserviert. Wer sie bis dahin führte, musste gegebenenfalls einen Hinweis auf eine andere Rechtsform hinzufügen, zum Beispiel: „Meier und Partner GbR“.

## Für wen?

Gesellschafter können nur Freiberufler (wer dazugehört, steht im Kapitel über die „Prüfpunkte“ auf Seite 20) und nur „natürliche Personen“ werden, also nicht eine andere Partnerschaft oder eine GmbH.

z.B. Es gibt heute viele Gründe für Freiberufler, sich zusammenzuschließen. Für die Zahnärzte werden hier genannt die Notwendigkeit kostspieliger Investitionen, der Wunsch nach mehr beruflichem Austausch, nach Erleichterungen bei Vertretung und Urlaub. Oder nehmen wir die freien Architekten. Sie stehen unter dem Druck der großen Investoren, die immer mehr Planungsaufgaben an sich ziehen. Eine Möglichkeit gegenzuhalten könnte da das Angebot der Planung aus einer Hand sein: Architekten, Bauplaner, Lüftungstechniker und so weiter gemeinsam. In manche neue Märkte wird der Freiberufler überhaupt nur noch im Verbund kommen. Beispiel: das Öko-Audit mit seiner großen Nachfrage nach Gutachterkapazität. Diese Leistung ist nur interprofessionell zu erbringen, von Technikern verschiedener Sparten, aber etwa auch von Steuerspezialisten, die sich mit Rückstellungen für Altlasten auskennen.

Das Problem bei solchen Zusammenschlüssen ist die Haftung für die Arbeit der anderen, obwohl man diese gar nicht beurteilen kann. Spezialisten anzustellen bedeutet keine zufrieden stellende Alternative, wenn man auf der Suche nach gleichberechtigter Kooperation ist. Vor allem aber verschärft diese Lösung das Haftungsproblem, statt es aus der Welt zu schaffen, denn für den Pfusch seiner Angestellten haftet der Arbeitgeber, ob er ihn beurteilen kann oder nicht.

Die GmbH ist nicht für alle die Lösung. Sie bietet zwar noch weiter gehende Haftungsbeschränkungen, widerspricht aber dem Selbstverständnis vieler Freiberufler. Auch wird für manche Professionen bezweifelt, dass die GmbH am Markt durchzusetzen wäre. Aber das ist von Beruf zu Beruf verschieden. Bei Wirtschaftsprüfern und Steuerberatern beispielsweise gehört die GmbH schon lange zum festen Repertoire.

Für das geschilderte Haftungsproblem kann die Haftungsbeschränkung der Partnerschaft die Lösung sein. Ebenso für überörtliche Kooperationen, bei denen aus praktischen Gründen eine gegenseitige Kontrolle kaum in Frage kommt.

> **!** Eine Einschränkung für den Einsatz der Partnerschaft, die allerdings für die anderen Rechtsformen genauso besteht, gibt es noch. Sie hat den Namen „Berufsrechtsvorbehalt" und das bedeutet praktisch: Partnerschaften sind nur zulässig, wenn und soweit es das Standesrecht der einzelnen Berufe erlaubt. Das betrifft die „verkammerten" Professionen wie Anwälte, Steuerberater, Ärzte, Architekten.

Diese Einschränkungen sind zwar weniger geworden, aber es gibt sie noch. Rechtsanwälte zum Beispiel dürfen sich nur mit den steuerberatenden Berufen, mit Patentanwälten und Wirtschaftsprüfern zusammenschließen. Außen vor bleiben da Freiberufler, beispielsweise Unternehmensberater, die komplexe Beratungsangebote offerieren wollen, zu denen idealerweise etwa auch Rechtsberatung gehören würde. Diese Einschränkung verhindert zum Beispiel auch, dass Anwälte mit Architekten im Baurecht gemeinsame Sache machen oder mit Ärzten in Arzthaftungsfällen – also viele der interprofessionellen Kooperationen, welche die Partnerschaft doch gerade erleichtern soll. Allerdings ist in den kommenden Jahren mit einer deutlichen Lockerung dieser Beschränkungen zu rechnen.

Immerhin können die von Kammerzwängen freien Freiberufler miteinander ungehindert Verbindungen eingehen, die bislang wegen des unkalkulierbaren Haftungsrisikos wenig attraktiv waren, beispielsweise der Zusammenschluss eines strategischen Unternehmensberaters mit Personalberatern oder Datenverarbeitungsspezialisten.

Im Übrigen ist bei allen Vorbehalten und Einschränkungen die Partnerschaft für Neugründungen sicher eine interessante Alternative zur GbR, denn dieser dürfte sie letztendlich doch überlegen sein. Ob sich allerdings die – zwar einfache – Umwandlung einer gut eingearbeiteten GbR lohnt, lässt sich nur von Fall zu Fall entscheiden.

## Image

Es ist denkbar, dass „und Partner“ oder „Partnerschaft“ sich zum Gütesiegel entwickeln. Partnerschaften müssen diesen Zusatz führen, andere Gesellschaftsformen dürfen sich damit nicht mehr schmücken. Damit ist das Signal eindeutig: Hier sind Freiberufler am Werk. Gesellschafter einer GbR oder GmbH dagegen kann „jeder“ sein.
Dazu kommt, dass bei der Partnerschaft nicht das unpersönliche Unternehmen im Vordergrund steht, sondern die persönliche Dienstleistung des Partners, dessen Verantwortung nicht „beschränkt“ ist. Das entspricht oft mehr den Kundenerwartungen.

## Haftung

Die vielleicht interessanteste Neuerung bei der Partnerschaft ist seit 1. August 1998 die Beschränkung der persönlichen Haftung auf den Partner, der für die jeweilige Leistung verantwortlich ist.

! Verursacht also ein professioneller Fehler einen Schaden, muss nur der Partner dafür einstehen – notfalls mit seinem ganzen Vermögen –, der den Fehler begangen hat, soweit nicht die Haftpflichtversicherung einspringt.

Bei der GbR trifft die Haftung in diesen Fällen alle Gesellschafter. Da wäre eine derartige Haftungsbeschränkung nur durch eine Einzelvereinbarung zu erreichen, die gegenüber den Geschäftspartnern nur schwer durchzusetzen ist. Diese Risikobegrenzung kann vor allem dort Gewicht bekommen, wo eine wirksame Kontrolle der Arbeit der Partner nicht möglich ist. Das ist der Fall, wenn diese auf andere Fachgebiete spezialisiert sind oder gar anderen Berufen angehören, aber auch, wenn sie ihren Sitz an verschiedenen Orten haben. Diese Konstruktion der Haftungsbegrenzung soll insbesondere gemischtprofessionelle und überörtliche Zusammenschlüsse erleichtern.

! Allerdings: Das Vermögen der Partnerschaft haftet immer mit.

Gegen wirtschaftlichen Schiffbruch bietet diese Option keinen Schutz. Anders als bei der GmbH haften die Partner voll mit ihrem Privatvermögen. Diese Haftung kann nicht beschränkt werden.

## So funktioniert die Partnerschaft

Die innere Struktur, die Regeln über Gesellschaftsvermögen, Geschäftsführung und Vertretung hat die Partnerschaft von der bewährten OHG übernommen. Das macht Management und Präsentation nach außen einfacher als bei der zähflüssigen GbR.
Schwierigkeiten kann die Regelung der Verteilung von Gewinn oder Verlust bei interprofessionellen Partnerschaften mit unterschiedlichem Einkommensniveau der einzelnen Berufe machen. Einmal festgelegte Quoten sollten in festen Abständen auf Angemessenheit überprüft werden.

## Kapitalbeschaffung und Mitarbeiterbeteiligung

Bei „verkammerten“ freien Berufen kann das Berufsrecht jede Beteiligung ausschließen. Ansonsten gilt dasselbe wie für die GbR: Beides ist als stille Beteiligung (siehe auch Kapitel 11) möglich. Für die Mitarbeiter bedeutet das wiederum das Recht auf Einsicht in den Jahresabschluss. Aber ohne dieses Recht kann die Sozialversicherung Gewinnbeteiligungen als normales Gehalt behandeln und dafür Beiträge eintreiben.
Investoren sind ohne Informationen über Interna ohnehin nicht zu gewinnen. Sie dürften bei der Buchführung sowieso mehr verlangen als die gesetzlich vorgeschriebene schlichte Einnahmen-Ausgaben-

Rechnung. Allerdings fehlt einer vereinbarten Buchführungspflicht die gesetzliche und strafrechtliche Absicherung. Das senkt den Reiz für Investoren.

## Steuern

Die Partnerschaft wird wie eine Freiberufler-GbR besteuert: Die Partner müssen für die ihnen durch die einheitliche und gesonderte Feststellung zugerechneten Gewinne Einkommensteuer zahlen. Für die Verrechnung von Verlusten gilt das zum Einzelunternehmen Gesagte. Gewerbesteuer entfällt, anders als bei einer Freiberufler-GmbH.

## Buchführung

Da die Partnerschaftsgesellschaften freiberuflich tätig sind, müssen sie weder nach Handels- noch nach Steuerrecht Bücher führen. Für die Steuererklärung genügt eine Gewinn-und-Verlust-Rechnung.
Eine andere Frage ist, ob nicht die ordnungsgemäße Abrechnung zwischen den Partnern eine reguläre Buchführung notwendig macht. Diese würde auch die Kontrolle über die wirtschaftliche Entwicklung erleichtern. Allerdings muss dann auch dem Finanzamt ein entsprechendes Zahlenwerk vorgelegt werden.

## Gründung

Die Partnerschaftsgesellschaft wird durch schriftlichen Vertrag gegründet. Er muss mindestens folgende Angaben enthalten: Namen und Sitz der Partnerschaft, den vollen Namen und Wohnort jedes Partners sowie den freien Beruf, den er in der Partnerschaft ausübt, und schließlich das Geschäft, das die Gesellschaft betreibt.

! Für die Wahl des Namens gilt ein strenges Reglement. Er muss den Nachnamen mindestens eines Partners, den Zusatz „und Partner“ oder „Partnerschaft“ sowie alle in der Partnerschaft vertretenen Berufe enthalten. Beispiele: „Meier, Müller Partnerschaft, Rechtsanwälte, Steuerberater und Wirtschaftsprüfer“ oder „Meier und Partner, Rechtsanwälte, Steuerberater und Wirtschaftsprüfer“.

Ein Stammkapital gibt es nicht. Wirksam wird die Partnerschaft erst mit Eintragung ins Partnerschaftsregister. Dabei sind die Mindestangaben aus dem Vertrag zu machen, die auch eingetragen werden. Der Vertrag wird nicht vorgelegt. Jeder Wechsel von Partnern muss angemeldet werden.

Die Kosten der Eintragung hängen von der Anzahl der Partner ab; zwei Partner zahlen 108 Euro für das Register plus 54 Euro an den Notar, der die Anmeldung zum Register beurkundet, drei Partner zahlen 132 Euro plus 66 Euro, vier Partner 162 Euro plus 81 Euro. Beim Notar kommen jeweils noch Mehrwertsteuer und Auslagen hinzu.

## Verkauf und Nachfolge

Nach den gesetzlichen Bestimmungen bedeutet Ausscheiden oder Tod eines Partners nicht das Ende der Partnerschaft. Sie ist damit stärker als die anderen Personengesellschaften auf Kontinuität angelegt. Die Möglichkeit allerdings, einen Gesellschaftsanteil zu verkaufen oder einem Nachfolger zu vererben, gibt es bei der Partnerschaft – wie bei den anderen Personengesellschaften – nur, soweit der Partnerschaftsvertrag dies ausdrücklich vorsieht.

Wer – egal, ob als Erbe oder Erwerber des Anteils – Partner wird, haftet für die Altschulden der Partnerschaft ohne Beschränkungsmöglichkeit.

Wer als Erbe Partner wird, hat aber das Recht, binnen drei Monaten aus der Gesellschaft auszusteigen. Er bekommt eine Abfindung für seinen Anteil. Eine Abfindung bekommen auch Erben eines Partnerschaftsanteils, die nicht Partner werden. Wie hoch die Abfindung ist, hängt vom Gesellschaftsvertrag ab. Besteht die Abfindung nur in einem Anteil an den Schulden der Partnerschaft, kann die Erbschaft ausgeschlagen werden, wie immer aber nur insgesamt. Der „kranke" Partnerschaftsanteil kann also nicht einfach aus dem Erbe herausgeschnitten und der Rest genommen werden. Der ausscheidende Partner muss für die Verbindlichkeiten, die im Moment der Trennung bestanden, ebenfalls das Portemonnaie hinhalten – bis zu fünf Jahre lang, wie bei der OHG.

! Den Platz des Alt-Partners kann als Erbe oder Nachfolger nur einnehmen, wer einen freien Beruf ausübt, der in die jeweilige Partnerschaft passt.

Bei sauber gestricktem Partnerschaftsvertrag ist die Abwicklung der Nachfolge kein Problem.
Beim Verkauf des Anteils unterliegt der Gewinn, also der Überschuss des Preises über dem Buchwert, der Einkommensteuer. Der Veräußerungsgewinn darf für die Steuer auf fünf Jahre verteilt werden. Ist der Verkäufer 55 Jahre alt oder berufsunfähig, bekommt er mehr Steuervergünstigungen. Gewerbesteuer fällt nicht an. Für eine Immobilie im Gesellschaftsvermögen wird Grunderwerbsteuer nur bei Verkauf von mindestens 95 Prozent der Anteile kassiert. Auch hier gibt es bei Erbschaft oder Schenkung an zukünftige Erben den Freibetrag von 225 000 Euro bei Erbschaft- oder Schenkungsteuer.

## Wechsel der Rechtsform

Der Wechsel in eine GmbH oder AG geht nach Umwandlungsrecht, also ohne Probleme. Die Änderung in eine GbR und umgekehrt bereitet ebenfalls keine Schwierigkeiten. OHG und KG kommen für eine freiberufliche Tätigkeit ohnehin nicht in Frage.

# Checkliste: Partnerschaft

- ❑ Für wen?
  Für alle Freiberufler. Besonders geeignet für überörtliche Zusammenarbeit sowie interprofessionelle Zusammenschlüsse. Die Möglichkeiten zu Letzteren werden durch die Berufsordnungen beschränkt.
- ❑ Handelsrecht?
  Nein.
- ❑ Haftung
  Die persönliche Haftung für Fehler bei der Berufsausübung ist auf den Partner beschränkt, der die jeweilige Leistung erbringt; volle Haftung aller Gesellschafter für das wirtschaftliche Risiko.
- ❑ Handhabbarkeit
  Wie bei der OHG wegen der notwendigen Abstimmungen komplizierter als beim Einzelunternehmen. Geldbewegungen zwischen Partnerschaft und Partnern fließen aber einfacher als bei der GmbH.
- ❑ Rollenangebote
  Rollenteilung zwischen den Gesellschaftern ist möglich, etwa durch Ernennung eines Senior-Partners, die Haftung bleibt.
- ❑ Kapitalbeschaffung und Mitarbeiterbeteiligung
  Beides als stille Beteiligung möglich. Folge: Einblick in den Jahresabschluss für Investor und Mitarbeiter. Das Fehlen einer auch strafrechtlich abgesicherten Buchführungspflicht senkt die Attraktivität für Investoren. Berufsrechtliche Beschränkungen müssen beachtet werden.
- ❑ Steuern
  Für die Gewinne wird unabhängig von der Auszahlung Einkommensteuer kassiert. Anders als bei einer Freiberufler-GmbH keine Gewerbesteuer.
- ❑ Buchführungspflicht
  Keine Bilanzpflicht. Eine einfache Überschussrechnung genügt.
- ❑ Publizitätspflicht
  Gibt es nicht.

- Image
  Ob die Partnerschaft sich zum eigenständigen Imagefaktor entwickeln wird, bleibt abzuwarten. Das Zeug dazu hat sie mehr als die anderen Rechtsformen.
- Gründung
  Notwendig sind Partnerschaftsvertrag und Eintragung ins Partnerschaftsregister. Die unvermeidbaren Kosten sind niedrig. Allerdings empfiehlt sich rechtliche und eventuell steuerliche Beratung für den Vertrag. Das ist nicht billig.
- Verkauf und Nachfolge
  Partnerschaftsanteile können nur verkauft oder vererbt werden, soweit der Partnerschaftsvertrag oder die anderen Partner dies erlauben. Der Verkäufer haftet weiter für Altschulden, Käufer oder Erben für alle Verbindlichkeiten. Der Erbe einer Partnerstellung kann binnen drei Monaten ausscheiden. Eine stufenweise Übertragung auf Nachfolger wird meist nicht in Frage kommen. Nachfolger müssen einen für diese Partnerschaft geeigneten freien Beruf haben. Die Steuerbelastung ist wie bei der GbR günstig.
- Wechsel der Rechtsform
  Ist zu allen für Freiberufler in Frage kommenden Rechtsformen einfach, also zu GbR, GmbH und AG.

# Teil 8:

# GmbH – leistungsfähig, aber sensibel

Das verspricht die GmbH: ein Unternehmerdasein mit limitiertem Einsatz und beschränktem Risiko, aber mit professionellem Image. Dazu bietet sie interessante Möglichkeiten, dem Finanzamt ein Schnippchen zu schlagen.

! Tatsächlich gewährleistet die GmbH ihren Inhabern Haftungsbeschränkung, aber keineswegs grenzenlose Sicherheit vor der wirtschaftlichen Katastrophe. Und sie verlangt dafür große Präzision bei der Handhabung.

Das ist Voraussetzung auch für die Realisierung der Steuerchancen, die es wirklich gibt, allerdings nur in bestimmten Konstellationen. Aber immerhin: Ein genauerer Blick auf die GmbH lohnt allemal!
Derzeit ist eine weitreichende Modernisierung der gut 100 Jahre alten GmbH in Arbeit. Gründung und Betrieb sollen vereinfacht werden. Die Änderungen sollen, so der aktuelle Plan, Ende 2007 in Kraft treten und die GmbH im Verhältnis zur englischen Limited und anderen Auslandrechtsformen konkurrenzfähig machen. Auf wichtige zu erwartende Neuerungen wird jeweils hingewiesen.

## Für wen?

Eine GmbH kann jeder gründen, Kaufleute und andere Personen; sie kann von mehreren gemeinsam oder von einer Person allein, als so genannte „Ein-Mann-Gesellschaft“, gegründet werden. Dies ist bei sämtlichen Personengesellschaften nicht möglich. Die GmbH fällt als Handelsgesellschaft unter das Handelsrecht, für sie gelten also dieselben Regeln wie für Kaufleute; das gilt auch für eine Freiberufler-GmbH.
Für die „verkammerten“ freien Berufe gelten für die Zusammenarbeit mit anderen Berufen unter dem Mantel der GmbH dieselben Beschränkungen wie bei der Partnerschaftsgesellschaft.

## Image

Was für die einen die GmbH als Rechtsform interessant macht, ist für die anderen der Grund zur Zurückhaltung. Mit dieser Wahl zeigt der Unternehmer, dass es ihm ums Geschäft geht und dass er sich der Risiken bewusst ist. Er lässt durchblicken, dass er gewillt und in der Lage ist, die steuerlichen Vorteile und Gestaltungsmöglichkeiten dieser Gesellschaftsform auszuschöpfen.
Die Betonung des geschäftlichen Kalküls und die Begrenzung der persönlichen Verantwortung passen mit Selbstverständnis und beruflicher Präsentation nicht immer zusammen.

z.B. Gerade für Freiberufler könnte hier ein Problem bestehen. Ein Anwalt wird vielleicht überlegen, ob seine Mandanten dergleichen gerne sehen. Und der Arzt möchte unter Umständen nicht vordergründig als Geschäftsmann auftreten. Genau umgekehrt begründete einmal ein unternehmensberatender Psychologe seine Entscheidung für die GmbH: Das mache ihn gegenüber seiner Klientel zum Geschäftsmann und damit zum akzeptierten Geschäftspartner. Was ein Psychologe sei, wisse von den Klienten keiner.

## So funktioniert die GmbH

Eine GmbH ist – um kurz in das Gebiet der Rechtstheorie abzuschweifen – eine juristische Person, das heißt, sie wird rechtlich weitgehend behandelt wie ihr Gegenstück, die natürliche Person, oder auf Deutsch: der Mensch.

### Gesellschafter

Den Gesellschaftern gehört die GmbH, sie geben das Kapital, legen in der Satzung – so heißt hier der Gesellschaftsvertrag – die Spielregeln des Unternehmens fest, bestimmen und kontrollieren den Geschäftsführer und kassieren – hoffentlich – die Gewinne. Die Gesellschafter können von den Geschäftsführern jederzeit Auskunft über den Stand der Geschäfte und Einsicht in Bücher und Papiere verlangen. Dieses Recht darf ihnen kein Gesellschaftsvertrag nehmen. Ihr Kontrollrecht ist also erheblich stärker als das des Kommanditisten.

! Die GmbH kann Eigentum besitzen und rechtsverbindlich handeln, also etwa Verträge schließen, sie kann Schuldnerin oder Gläubigerin sein, sie hat einen Namen. Doch damit diese Papierperson ins wirkliche Leben treten kann, braucht sie drei Dinge: Gesellschafter, Kapital und Geschäftsführer.

So das Prinzip und die Chance, welche die Rechtsform der GmbH bietet. In der Unternehmenspraxis kann diese Möglichkeit oft nicht voll genutzt werden. Häufig wird sie auch leichtfertig aufs Spiel gesetzt. Mehr dazu erfahren Sie ab Seite 128 im Abschnitt über die Sicherheit der GmbH.

## Stammeinlage

25 000 Euro (künftig wohl 10 000 Euro) sind das Minimum, welches das GmbH-Gesetz an Stammkapital verlangt. Bei der GmbH heißt es übrigens „Stammeinlage" und sie ist der Preis für eine Unternehmerexistenz ohne Haftungsrisiko. Denn „Kapitalgesellschaft" bedeutet ja, dass der Gesellschafter nicht persönlich – und das heißt: mit allem, was er hat – für die Verbindlichkeiten des Unternehmens einzustehen hat. Als Ersatz dafür stellt er ein bestimmtes Kapital zur Verfügung, das den Gläubigern die nötige Sicherheit geben soll. Gesetz und Gerichte sehen äußerst penibel darauf, dass die GmbH tatsächlich das Kapital bekommt und behält, das ihr laut Gesellschaftsvertrag zusteht. Diese Mittel dürfen nur für die Geschäfte der Gesellschaft verwendet, nicht aber an die Gesellschafter ausgezahlt werden – es sei denn, die GmbH wird aufgelöst und es bleibt etwas übrig.

! Die Gesellschafter haften grundsätzlich nur für ihre Verpflichtung, der GmbH die Stammeinlage zur Verfügung zu stellen. Ist das Kapital erst eingezahlt, ist dessen Verlust das Schlimmste, was passieren kann.

## Geschäftsführer

Der Geschäftsführer führt – der Name sagt es – die laufenden Geschäfte der GmbH. Er vertritt sie nach außen und auch gegenüber den eigenen Gesellschaftern. An ihn sind die Einlagen zu zahlen, er meldet die GmbH zur Eintragung ins Handelsregister an. Der Gesellschaftsvertrag kann regeln, ob und inwieweit die Gesellschafter dem Geschäftsführer Weisungen erteilen können.

! Egal, wie frei der Geschäftsführer bei der Leitung des Unternehmens ist – die Verantwortung trägt er. Zwar nicht für den wirtschaftlichen Erfolg – dieser unterliegt dem Risiko der Gesellschafter –, aber für die Einhaltung der Vorschriften.

Er haftet sozusagen mit seinem Kopf nicht nur für die korrekte Anmeldung beim Register, sondern auch für rechtzeitige Insolvenzanmeldung bei Überschuldung: Bis zu drei Jahre Freiheitsstrafe drohen im schlimmsten Fall. Dasselbe gilt für den Verstoß gegen andere Vorschriften, etwa gegen Umwelt- oder Steuergesetze. Der Geschäftsführer ist in solchen Fällen immer haftbar. Auch bei Weisungen der Gesellschafter kann er sich nicht auf eine Art Befehlsnotstand berufen. Mischen sich die Kapitaleigner allerdings direkt ein, setzen sie ihre eigene Sicherheit aufs Spiel, denn ihr Schutz vor Haftung und Strafe gilt nur, soweit sie sich aus dem Tagesgeschäft heraushalten.
Die GmbH kann einen oder mehrere Geschäftsführer haben, die das Unternehmen allein oder nur gemeinsam vertreten; es kann auch gleichzeitig alleinvertretungsberechtigte Geschäftsführer und solche geben, die nur zusammen mit anderen oder einem Prokuristen vertretungsberechtigt sind.

## Wenig Formalitäten

Die GmbH belastet den Unternehmer nicht mit einem Übermaß an Formalitäten.

> **!** Auf Formalien kommt es vor allem bei der Gesellschafterversammlung an, die für die grundlegenden Entscheidungen wie Bestellung und Abberufung der Geschäftsführer, deren Kontrolle und Entlastung, für Erteilung der Prokura, Feststellung des Jahresabschlusses oder für Kapitalerhöhungen zuständig ist. Diese Beschlüsse sind nur rechtswirksam, wenn die Versammlung korrekt einberufen wurde, nämlich durch ein Einschreiben, das mindestens eine Woche vor dem Termin bei den Empfängern eintreffen muss. Mindestens drei Tage vorher muss die Tagesordnung auf demselben Weg mitgeteilt werden.

Aber das Gesetz zwingt nicht zu Formalismus: Sind alle Gesellschafter tatsächlich anwesend und willig, können sie beschließen, was sie wollen. Zulässig ist statt einer Versammlung auch die schriftliche Entscheidung. Was allerdings nicht geht, sind telefonische Abstimmungen, auch wenn alle einverstanden sind. Diese müssen zumindest nachträglich schriftlich oder durch Versammlung bestätigt werden. Das Risiko dabei ist, dass ein Gesellschafter es sich anders überlegt, denn die telefonische Zusage ist nicht verbindlich.
Die Beschlüsse müssen von Gesetzes wegen nicht schriftlich fixiert werden, es versteht sich aber von selbst, dass nur so auf Dauer die Beschlusslage überschaubar bleibt. Anders verhält es sich bei der Ein-Mann-GmbH: Was der Gesellschafter im stillen Kämmerlein beschlossen hat, muss er schriftlich festhalten und unterschreiben.
Wesentlich aufwändiger ist das Verfahren bei einer Änderung der Satzung, also des Gesellschaftsvertrages. Dies funktioniert nicht ohne Notar, der den Beschluss beurkunden muss. Die geänderte Satzung ist beim Handelsregister einzureichen.

Zu warnen ist vor einem zu lässigen Umgang mit den Formalitäten. Diese Gefahr besteht, wenn Gesellschafter und Geschäftsführer identisch oder verwandt sind, weil dann oft Vertrauen die Kontrolle ersetzt.

Da kann es passieren, dass die dokumentierte Beschlusslage und die praktische Geschäftsführung nicht übereinstimmen. Das sieht dann so aus, als hätten die Geschäftsführer gegen die nachweisbaren Weisungen der Gesellschafter verstoßen. Macht die GmbH Pleite, kann ein findiger Insolvenzverwalter durchaus auf die Idee kommen, daraus Insolvenzmasse zu ziehen. Denn: Hat ein Weisungsverstoß einen wirtschaftlichen Schaden zur Folge, haften die Geschäftsführer – und das auch in der Insolvenz.

Deshalb: Gerade bei Doppelrollen ist es wichtig, die Rollenverteilung zu respektieren und die Geschäftsführung, soweit nötig, durch dokumentierte Gesellschafterbeschlüsse abzusichern.

## Wie sicher ist die GmbH tatsächlich?

Für Verbindlichkeiten der GmbH haftet nur das Vermögen der Gesellschaft, nicht aber die Gesellschafter mit ihrem persönlichen Vermögen. Das heißt in der Insolvenz: Egal, wie hoch die Schulden des Unternehmens sind, die Gesellschafter müssen nur die Reste der GmbH beim Insolvenzverwalter abliefern, dann sind sie frei – anders als Einzelunternehmer und Gesellschafter einer GbR, OHG oder Partnerschaft, die im Pleitefall mit ihrem ganzen Hab und Gut für die geschäftlichen Verluste einzustehen haben.
In der Praxis gleicht dieser eherne GmbH-Grundsatz oft weniger einem sicheren Schutzschild als einem löchrigen Schleier. Allerdings sind viele Lücken im Schutz auf Fehler bei der Bedienung der GmbH zurückzuführen. Es gibt daneben andere Haftungsrisiken, gegen die überhaupt kein Schutz durch die Wahl einer bestimmten Rechtsform –

gleichgültig welche – möglich ist. Lesen Sie im Folgenden, wo die GmbH keinen Schutz geben kann, wo geschäftliche Notwendigkeit oder Fehler ihn lückenhaft machen und wie viel der GmbH-Schutz unter dem Strich wert ist.

## Die Haftungsrisiken

Der GmbH-Unternehmer trägt als Gesellschafter und als Geschäftsführer sehr unterschiedliche Haftungsrisiken. Als Gesellschafter ist er vor allem für das Kapital verantwortlich. Ist das korrekt und wirksam eingezahlt, ist er aus dem Schneider. Im Zuge der GmbH-Reform soll für die Gesellschafter die Verpflichtung dazu kommen, bei Zahlungsunfähigkeit oder Überschuldung rechtzeitig Insolvenz anzumelden, falls der Geschäftsführer nicht greifbar ist. Damit gehen nicht unerhebliche Haftungsrisiken einher.
Die einzelnen Haftungsrisiken (siehe auch Seite 23 ff.):

- *Vertragserfüllung:* Dafür haftet nur die GmbH mit ihrem Vermögen, soweit nicht ein Gesellschafter oder der Geschäftsführer ausdrücklich die Mithaftung übernommen hat, etwa durch eine Bürgschaft.
- *Wirtschaftliche Leistungsfähigkeit:* Soweit nicht aus anderen Gründen gehaftet wird, muss dafür nur die GmbH einstehen.
- *Euro-Produkthaftung:* Nur die GmbH haftet.
- *Deutsche Produkthaftung:* Der Geschäftsführer haftet bei Verschulden, der Gesellschafter grundsätzlich nicht.
- *Strafrecht:* Dagegen schützt die GmbH so wenig wie irgendeine andere Rechtsform. Das Risko trifft vor allem den Geschäftsführer, der für die Aktivitäten der GmbH verantwortlich ist.

## Geschäftsführer – gefährliche Verantwortung

Das bringt zum einen strafrechtliche Risiken mit sich: So droht bei Verletzung vieler Umweltgesetze Strafe oder auch wenn Menschen durch die Produkte des Unternehmens zu Schaden kommen.

Anders, wenn er direkt in die Geschäftsführung hineinregiert. Dafür muss er auch neben dem Geschäftsführer einstehen. Als Geschäftsführer muss er sich – das wurde bereits gesagt – an die Gesetze halten und dafür ist er persönlich verantwortlich.

Dazu kommt die persönliche Haftung der Geschäftsführer bei manchen Schadenersatzforderungen, vor allem bei Gefährdung der Sicherheit von Dritten, etwa durch schädliche Emissionen oder Produkte. Dies setzt aber immer eine persönliche Verantwortlichkeit voraus. Sie ist beispielsweise gegeben, wenn die Geschäftsführer Erzeugnisse ihres Unternehmens weiter unters Volk bringen, obwohl sie deren Gefährlichkeit kennen müssen. Vor ruinösen Forderungen schützt nur eine Betriebshaftpflichtversicherung.
Gesellschafter, die nicht Geschäftsführer sind, haften für diese Risiken persönlich nur, wenn sie sich im Detail in die Unternehmenspolitik so eingemischt haben, dass sie mitverantwortlich sind. Dann hilft die Rechtsform der GmbH nicht mehr.
Die Geschäftsführer haften auch für die Verpflichtungen gegenüber Finanzamt und Sozialversicherung. Strafen und Schadenersatzforderungen drohen bei falschen Angaben gegenüber dem Handelsregister oder verspäteter Insolvenzanmeldung.

## An persönlicher Haftung führt oft kein Weg vorbei

Professionelle Geschäftspartner kennen das Geheimnis der GmbH schon lange.

Wie in jedem anderen Unternehmen ist auch bei der GmbH die Geschäftsführung für die Einhaltung der gesetzlichen Bestimmungen und für die Beherrschung der Gefahrenpotenziale des Betriebes verantwortlich.

Ob der GmbH-Unternehmer diese Kröte schlucken muss, hängt von der Marktmacht der Kontrahenten ab. Bei Banken und gewichtigen Lieferanten ist heute in aller Regel ohne persönliche Haftung nichts zu erreichen. Anders ist das bei weniger gewichtigen Geschäftspartnern.

## Nur Distanz gibt Sicherheit

Es ist schon fast guter Brauch, dass bei wirtschaftlichem Schiffbruch der GmbH der Insolvenzverwalter auf der Suche nach Futter für die magere Insolvenzmasse sein Glück auch bei den Gesellschaftern versucht – viel zu oft mit Erfolg.

Das lässt sich auf zwei Grundfehler zurückführen: Der erste ist, dass die GmbH-Unternehmer wirtschaftlich denken, wo es auf juristische Förmlichkeit ankommt: Den Unternehmer interessiert vor allem, dass die GmbH tatsächlich ihr Kapital bekommen hat, er übersieht dabei, dass die Gerichte dies nur anerkennen, wenn bestimmte Riten eingehalten wurden. Der zweite Grundfehler ist, dass die Gesellschafter „ihre" GmbH wie ihr persönliches Eigentum behandeln, mit dem sie schalten und walten können, wie es ihnen beliebt. Ein folgenschwerer Irrtum.

Denn mit der GmbH haben sie etwas Eigenständiges ins Leben gerufen, das Respekt verlangt. Wer die GmbH nur als trickreiche Möglichkeit ansieht, mit der sich Haftung und Steuern umgehen lassen, der sitzt schon halb in der Falle. Es ist nicht nur eine feinsinnige rechtstheoretische Haarspalterei, wenn die GmbH als „juristische Person" definiert wird. Sie muss genauso behandelt werden, nur dann funktioniert die Haftungsbeschränkung sicher.
Vor allem heißt dies, dass die GmbH und ihre Gesellschafter einen ganz normalen geschäftlichen Umgang miteinander pflegen müssen, also gewissermaßen wie Fremde, denen es nur ums Geschäft geht. Dies verlangt vom GmbH-Unternehmer eine Art Bewusstseinsspaltung, vor allem wenn er gleichzeitig Geschäftsführer ist. Versucht der Gesell-

schafter sich beispielsweise seiner Einlageverpflichtung dadurch zu entledigen, dass er der GmbH einen klapperigen Lkw unterjubelt, muss der Geschäftsführer (auch wenn das dieselbe Person ist) diese Zumutung zurückweisen. Sonst droht Nachzahlung in der Insolvenz. Die typische Folge dieser Art von Fehlern ist: Egal, ob die GmbH die Stammeinlage tatsächlich bekommen hat – die Zahlung wird nicht anerkannt. Folge: Sie muss noch einmal geleistet werden, manchmal in Millionenhöhe, ohne dass in der Insolvenz die geringste Aussicht auf Ersatz dafür besteht. Die wichtigsten Fälle solch gefährlicher Intimität und andere kapitale Fehler sollen kurz geschildert werden.

## Fehler Nr. 1: Ungenauigkeit bei der Bareinlage

Meistens bestimmt der Gesellschaftsvertrag, dass die Stammeinlage bar zu zahlen ist. Die Alternative dazu ist die Sacheinlage, zu deren Tücken ich gleich noch kommen werde. Die Bareinlage muss – wie der Name schon sagt – bar zur „freien Verfügung des Geschäftsführers" gezahlt werden. Wie pedantisch die Gerichte dabei sind, zeigt folgender Fall:

**z.B.** Ein Geschäftsführer und Gesellschafter wollte den Rest der Einlage erbringen. Dazu gab er dem für die Finanzen zuständigen Mitarbeiter der GmbH einen Scheck über 12 500 Mark. Der löste ihn auf seinem Privatkonto ein – das Geschäftskonto war hoffnungslos überzogen – und bezahlte davon die Firmenangestellten.
Also hatte der Gesellschafter die Einlage eindeutig gezahlt und sie war auch der GmbH zugute gekommen. Doch das rührte das Oberlandesgericht Düsseldorf nicht im Mindesten: Die Bareinlage sei bar an den Geschäftsführer zu zahlen. Der hatte nur Schecks in Händen, also kein Bargeld. Der Gesellschafter/Geschäftsführer musste in der Insolvenz noch einmal zahlen. Rechtlich wäre es anders gewesen, wenn er selbst den Scheck eingelöst und die Angestellten davon bezahlt hätte, obwohl es wirtschaftlich keinen Unterschied gemacht hätte (17 U 11/88).

Nicht besser ergeht es Zahlungen vor der notariellen Beurkundung des GmbH-Vertrages, und zwar selbst dann, wenn das Geld noch vorhanden ist – so hat der Bundesgerichtshof entschieden (II ZR 30/91).
Gefahr für die Kapitalzahlung droht auch bei GmbH-Schulden: Nicht wirksam ist die Zahlung auf ein GmbH-Konto, das über den Kreditrahmen hinaus überzogen oder gesperrt ist, denn das Geld kassiert sofort die Bank, es steht nicht zur „freien Verfügung“ des Geschäftsführers (Oberlandesgericht Köln, 22 U 189/93). Die Zahlung ist aber wirksam, wenn der Geschäftsführer das Geld bar mit der Weisung bekommt, es auf das überzogene Konto einzuzahlen (Bundesgerichtshof, II ZR 203/89).

## Fehler Nr. 2: Tricks bei der Sacheinlage

Eine so genannte Sacheinlage liegt immmer dann vor, wenn die Kapitalausrüstung statt in Bargeld in anderen wirtschaftlichen Werten besteht wie Immobilien, Maschinen, Unternehmen, Franchise-Verträgen, aber auch Forderungen. Hier müssen die Regeln für Sacheinlagen beachtet werden. Sie sollen sicherstellen, dass die GmbH das Kapital tatsächlich in der festgelegten Höhe bekommt, dass etwa die Maschinenausrüstung wirklich so viel wert ist, wie der Gesellschaftsvertrag es festlegt. Dazu ist ein Sachgründungsbericht, der den Wert der Sacheinlage begründet, notwendig – in aller Regel zusätzlich ein Wertgutachten. Kurz: Dieses Verfahren ist lästig, teuer und entsprechend unbeliebt.

Vor Tricks ist trotzdem zu warnen: Zahlt der Gesellschafter brav bar ein, kauft dic GmbH aber mit diesem Geld ihre Betriebsausstattung bei diesem Gesellschafter, sagen die Gerichte: In Wahrheit ist das eine als Bareinlage getarnte Sacheinlage, eine „verdeckte Sacheinlage“. Diese wird aber nicht anerkannt, weil das Verfahren nicht eingehalten wurde, auch wenn die GmbH auf ihre Kosten gekommen ist, da der Preis für die Ausrüstung stimmte. Die Barzahlung ist damit unwirksam.

Obwohl also wirtschaftlich niemand zu Schaden kam, muss in der Insolvenz nochmal gezahlt werden. Und die Einlageforderung muss ab Gründung der GmbH verzinst werden.

## Fehler Nr. 3: Griff in die Kasse

Wer als GmbH-Unternehmer seiner eigenen GmbH Kapital entzieht, muss damit rechnen, dass der Insolvenzverwalter ihm ans Leder will.

! Natürlich: Gewinne, welche die GmbH wirklich gemacht hat, darf der Gesellschafter abzapfen, solange er nicht an der Kapitalsubstanz rührt.

Wie er das Kapital aus dem Unternehmen abzieht, spielt keine Rolle. Ob dem Gesellschafter eine Wohnung unter Marktpreis vermietet wird, ob er als Geschäftsführer ein unangemessen hohes Gehalt kassiert oder ob Gewinne ausgeschüttet werden, welche die GmbH nie gemacht hat, die Konsequenz ist immer dieselbe, wenn solche Transaktionen auf Kosten der Stammeinlage geschehen: Der Gesellschafter muss das Geld zurückzahlen.
Anders sieht die Sache aus, wenn der Gesellschafter als Geschäftsführer ein angemessenes Gehalt bekommt: Das kann er behalten, auch wenn für dessen Zahlung die Stammeinlage herhalten musste (Bundesgerichtshof, II ZR 88/91).

## Fehler Nr. 4: Aus Buchgeld Kapital schlagen

„Buchgeld ist kein Bargeld“, lautet eine der lebenswichtigen Schlicht-Weisheiten für den GmbH-Unternehmer. Versucht er, Forderungen gegen die GmbH als Bareinlage zu verrechnen, kann das teuer werden.

**z.B.** Ein Kölner Unternehmer hatte seine GmbH mit dem Mindestkapital gegründet und – als das zu wenig für das wachsende Geschäftsvolumen war – mit Darlehen aus seiner Privatschatulle am Laufen gehalten. Nach und nach belief sich dies auf gut eine Million Mark. Da das Geld ohnehin in der Firma steckte, stockte er damit auf Vorschlag seiner Berater das Grundkapital als „Bareinlage" auf. Dies wurde ins Handelsregister eingetragen und durch Verrechnung der Kapitalforderung mit den Darlehen verbucht. Doch als der Unternehmer Insolvenz anmeldete, verlangte der Insolvenzverwalter eine weitere Million Nachzahlung. Dazu das Oberlandesgericht Köln: Beschlossen war eine Bareinlage. Und die ist bar zu zahlen und nicht per Verrechnung. Folge: Der Gesellschafter musste noch einmal zahlen, und zwar in voller Höhe (22 U 93/85).

Dieselben Probleme gibt es, wenn aus GmbH-Gewinnen neues Kapital gestrickt werden soll. Aus Steuergründen war es verbreitet, die Auszahlung an die Gesellschafter mit der Wiedereinzahlung als Kapital zu verbinden. Dieser von den Steuerberatern früher empfohlene Weg ist bekannt unter dem Namen „Schütt-aus-hol-zurück-Verfahren". Egal, ob diese Geldverschiebungen nur in den Büchern stattfanden oder als reale Kontenbewegungen, eventuell verbunden mit einer Schamfrist zwischen Ein- und Auszahlung, eventuell auch in umgekehrter Reihenfolge – das Ergebnis war immer dasselbe: Die Finanzämter erkannten die Sache an, die Zivilgerichte nicht. Diese verlangen, die Regeln über Sacheinlagen bei einer Kapitalerhöhung auch dann zu beachten, wenn diese aus stehen gelassenen Gewinnen finanziert wird.

## Fehler Nr. 5: Distanzverlust

Der GmbH-Unternehmer muss Distanz zu seiner GmbH halten und sich zu ihr vor allem in der Krise wie zu einem fremden Unternehmen verhalten.

Das heißt: Er darf nur so viel, so weit, so gesichert und so lange Mittel in die eigene GmbH stecken, wie er das bei einem fremden Unternehmen auch tun würde. Hält er sich nicht an diese Regel, gelten Leistungen an die GmbH „eigenkapitalersetzend". Folge: Sie müssen in Krise und Insolvenz im Unternehmen stehen bleiben wie Kapital. Werden sie dennoch abgezogen, holt der Insolvenzverwalter sie zurück.

Der klassische Fall sind Darlehen, die der eigenen GmbH in Not gegeben oder gelassen werden. Wer seiner GmbH in guten Zeiten Geld leiht, muss es in schlechten Zeiten sofort abziehen, wenn er es in Sicherheit bringen will. Sonst haften die Darlehen wie Kapital, es gibt also nicht einmal die Insolvenzquote. Die Rettungsaktion kommt zu spät, wenn bis zur Insolvenzeröffnung weniger als ein Jahr vergangen ist. Dann muss der Gesellschafter das Geld wieder einzahlen.
Diese Regeln gelten auch für alle anderen Leistungen an die GmbH, die ein fremder Geschäftsmann in dieser Situation nicht erbracht hätte, etwa für die Überlassung von Grundstücken, Gebäuden, Geräten – sei es kostenlos oder durch Pacht. Diese Regeln gelten sogar für persönliche Sicherheiten der Gesellschafter für GmbH-Schulden.
Natürlich: Wer noch Hoffnung hat, dass seine GmbH die Krise überwindet, wird sich nicht daran halten – und er hat Recht damit. Geht im Übrigen die Krise ohne Insolvenz vorüber und kommt die GmbH wieder zu Kräften, wird der Kapitalersatz auch wieder „frei". Er kann abgezogen werden.
An diesem Punkt verspricht die GmbH-Reform Entwarnung: Die einschlägigen Paragrafen sollen ersatzlos gestrichen werden. Das könnte den Gesellschaftern ein etwas entkrampfteres Verhältnis zu ihrer GmbH ermöglichen.

## Fazit: Wie sicher ist die GmbH?

Das erstaunliche Resümee lautet: Bei richtiger Handhabung bietet die GmbH einen ganz soliden Schutz gegen die Folgen geschäftlichen Schiffbruchs und mangelhafter Vertragserfüllung.

**Tipp** Deshalb: Je höher das Verlustrisiko, je größer die Haftungsgefahr, desto mehr spricht für eine Haftungsbeschränkung per Rechtsform, also für die GmbH.

Man muss allerdings deren Grenzen klar sehen: Die GmbH nimmt einem die persönliche Verantwortung für die Einhaltung der Gesetze nicht ab, das kann auch keine andere Rechtsform. Und sie schützt nicht gegen die Forderung von Banken und Geschäftspartnern nach persönlicher Absicherung der GmbH-Verbindlichkeiten. Doch diese Verpflichtungen sind immer betragsmäßig limitiert, auch wenn sie ruinös hoch sein können, und es gibt immer die Alternative, statt weiterer Verpflichtungen das Geschäft einfach zu schließen. Der GmbH-Unternehmer hat also die Wahl.

Wer sich für die GmbH als Rechtsform seiner Wahl interessiert, muss aber auch sehen, dass er das Sicherheitspotenzial der GmbH nur ausschöpfen kann, wenn er sich sehr genau an die Spielregeln hält, und die haben weder mit gesundem Menschenverstand noch mit wirtschaftlicher Vernunft sehr viel zu tun. Die Beachtung der Formalien ist sicher nicht jedermanns Sache, somit kommt auch ein persönlicher Aspekt bei der Entscheidungsfindung ins Spiel.

Allerdings: Die Haftungsrisiken sind bei der GmbH nie größer als bei Rechtsformen mit persönlicher Haftung.

## Rollenangebot

Die Aufgabenverteilung in der GmbH lässt sich sehr variantenreich gestalten. Zwei Rollen allerdings müssen immer besetzt werden: die des Gesellschafters und die des Geschäftsführers. Dafür genügt ein Spieler, die Rollen können aber auch auf beliebig viele Personen aufgeteilt werden. Das Drehbuch für diese Rollenverteilungen sieht oft sehr unterschiedlich aus, es kann den Geschäftsführern viel Freiraum lassen oder sie an die kurze Leine der Gesellschafter legen.

> ! Die GmbH bietet eine Reihe von Optionen. Der GmbH-Unternehmer kann alles im Do-it-yourself-Verfahren erledigen, er kann sich auch auf die Position des Geldgebers beschränken, der die Firma von Experten führen lässt. Und er ist auf die Rollenverteilung nicht ein für alle Mal festgelegt. Will er sich nach Aufbau des Unternehmens und nach Jahren in der vordersten Linie aus dem täglichen Geschäft zurückziehen, ohne das Heft ganz aus der Hand zu geben: kein Problem.

Diese Möglichkeiten sind besonders wichtig auch für die Nachfolgeregelung bei Familiengesellschaften, wenn kein Familienmitglied die Leitung übernehmen kann oder will, aber das Unternehmen trotzdem nicht verkauft werden soll.

Wenn die Zahl der Gesellschafter – etwa durch Erbteilung – zu groß und unübersichtlich wird, lässt sich dieses Problem durch Einsetzen eines Aufsichtsrats – auch bekannt unter den Namen Beirat, Verwaltungsrat oder Ausschuss – lösen. Der Aufsichtsrat übernimmt die laufende Kontrolle der Geschäftsführung – eine Arbeit, für welche die meisten Gesellschafter oft weder Interesse noch Kenntnisse besitzen.

## Kapitalbeschaffung und Mitarbeiterbeteiligung

Wegen der Haftungsbeschränkungen ist es für Investoren theoretisch zwar denkbar, sich als Gesellschafter an der GmbH zu beteiligen. Praktisch wird auch hier eine stille Beteiligung in den meisten Fällen für beide Seiten die bessere Lösung sein. Zum einen geht der Haftungsschutz weiter, so müssen stille Gesellschafter keinen Ärger wegen Kapitalproblemen fürchten. Zum anderen sind die Rollenvorgaben für Gesellschafter enger und sie müssen ins Handelsregister eingetragen werden. Vor allem aber lässt sich die stille Beteiligung am Ende des Engagements erheblich einfacher wieder abziehen als Einla-

gen. Letzeres ist nur durch Verkauf der Anteile oder Kapitalherabsetzung möglich – eine aufwändige Angelegenheit. Wegen ihrer stärker ausgeprägten Strukturen dürfte die GmbH für Investoren attraktiver sein als Personengesellschaften.
Für die Mitarbeiterbeteiligung kommen Mini-Gesellschafteranteile zwar in Frage, aber auch hier dürfte die stille Beteiligung die elegantere Lösung sein: keine Eintragung ins Handelsregister, keine Beteiligung an der Beschlussfassung, keine Streichung aus dem Handelsregister bei Ausscheiden.

# Steuern

Die GmbH bietet einige steuersparende Gestaltungsmöglichkeiten. Dadurch ist sie im Steuervergleich mit den anderen Rechtsformen durchaus wettbewerbsfähig. In diesem Abschnitt werden die Grundzüge der GmbH-Besteuerung sowie einige wichtige Schlüssel dargestellt, mit denen an der Steuerschraube gedreht werden kann. Präzise Aussagen für den Einzelfall sind aber ohne Steuerexperten nicht möglich.

## Körperschaftsteuer

Diese Steuerart gibt es – von den hier besprochenen Rechtsformen – nur bei der GmbH und der AG. Besteuert werden die Gewinne. Von ihnen werden 3 835 Euro als Freibetrag abgezogen. Der Steuersatz beträgt immer 25 Prozent. Es gibt keine gewinnabhängige Progression. Seit 2001 macht es für den Steuersatz auch keinen Unterschied mehr, ob die Gewinne ausgeschüttet werden oder im Unternehmen bleiben. Die Körperschaftsteuer kann der Gesellschafter nicht mehr von seiner Einkommensteuer abziehen. Zum Ausgleich werden die Ausschüttungen bei Kapitalgesellschaften – anders als bei Einzelunternehmen oder Personengesellschaften – nur zur Hälfte besteuert, soweit sie an natürliche Personen gehen. Zur Körperschaftsteuer kommt der Solidaritätszuschlag von 5,5 Prozent.

## Einkommensteuer

Als Einkommen werden beim GmbH-Gesellschafter die ausgeschütteten Gewinne versteuert, und zwar nur zur Hälfte, wenn sie von natürlichen Personen bezogen werden.

> **!** Die Steuer fällt nur an, wenn und soweit Gewinne tatsächlich ausgezahlt werden. Diesen Zeitpunkt kann die Gesellschaft nach Belieben bestimmen. Über die Auszahlung müssen die Gesellschafter einen Gewinnverwendungsbeschluss fassen.

Diese Wahlmöglichkeit besteht bei den Personengesellschaften nicht. Da sind die Gewinne in dem Jahr, in dem sie eingefahren werden, in voller Höhe bei den Unternehmern zu versteuern, auch wenn sie im Unternehmen bleiben.
Ausgeschüttete Gewinne sind Einkünfte aus Kapitalvermögen, wenn der GmbH-Anteil zum Privatvermögen gehört. Das bringt als Vorteil bei der Einkommensteuer den Sparerfreibetrag von 1 370 Euro, von 2 740 Euro bei Zusammenveranlagung plus Werbungskosten, für die es eine Pauschale von 51 beziehungsweise 102 Euro gibt. Die GmbH muss vor der Ausschüttung 20 Prozent Kapitalertragsteuer einbehalten und an das Finanzamt abführen. Diese Steuern werden aber später mit der Einkommensteuer verrechnet.
Gehört der Anteil zu einem Betriebsvermögen, sind die Ausschüttungen Einkünfte aus Gewerbebetrieb, das heißt: keine Freibeträge bei der Einkommensteuer.

> Ein Nachteil der GmbH gegenüber dem Einzelunternehmen und den Personengesellschaften ist, dass Verluste nur bei der Gesellschaft berücksichtigt werden. Mit anderen Worten: Egal, wie sehr die GmbH in die roten Zahlen rutscht, mindert das nicht die Einkünfte der Gesellschafter aus anderer Quelle und damit die Steuerschuld.

Bei den anderen Rechtsformen dagegen werden Verluste aus dem Unternehmen sofort mit den anderen Einnahmen saldiert, es fallen entsprechend weniger Steuern an.

## Gewerbesteuer

Die GmbH zahlt immer Gewerbesteuer. Dies gilt auch für Freiberufler. Anders als die Personengesellschaften bekommt die GmbH weder Freibetrag noch die langsame Steigerung des Steuersatzes: Es gilt der volle Satz ab dem ersten verdienten Euro. Dem steht ein Vorteil der GmbH gegenüber: Sie kann die Bezüge der geschäftsführenden Gesellschafter voll als Betriebsausgaben absetzen, was die Gewerbesteuer senkt.

## Der Geschäftsführer als Steuersparschwein

Die Bezüge, die der Geschäftsführer bekommt, werden bei der GmbH vom Gewinn abgezogen, auch wenn er zugleich Gesellschafter ist. Das Finanzamt erkennt das an, anders als bei den anderen Unternehmensformen. Dies ist für die Einkommensteuer in der Regel nicht weiter interessant, da der Verringerung des Gewinns durch diese Zahlungen die Einnahmen des Geschäftsführers gegenüberstehen, die auch versteuert werden müssen, allerdings mit Arbeitnehmerfreibeträgen. Die Geschäftsführerbezüge wirken sich jedoch steuersenkend bei Körperschaft- und vor allem Gewerbesteuer aus. Gegenüber Freiberuflern und Selbstständigen, die ja keine Gewerbesteuer zahlen, bringt es damit keinen Vorteil.

Die Steuerwohltat gibt es für sämtliche Zuwendungen an den Geschäftsführer, insbesondere auch für Pensionsrückstellungen, die bei den anderen Rechtsformen wie jeder Gewinn voll versteuert werden müssen, und zwar bei Einkommen-, Gewerbe- und Vermögensteuer.

! Allerdings funktioniert dies nur, wenn ein Grundsatz strikt beachtet wird: Der Gesellschafter-Geschäftsführer darf keine besseren Konditionen bekommen als ein normaler Geschäftsführer. Sonst werden die Leistungen an ihn als „verdeckte Gewinnausschüttungen" geoutet und das bedeutet, dass die Steuervorteile gestrichen werden. Denn Gewinnausschüttungen sind voll als Einkommen zu versteuern und die Gewerbesteuer mindern sie auch nicht.

## Buchführung und Publizität

Bei der GmbH muss der Unternehmer von Gesetzes wegen mehr Aufwand für die Rechnungslegung treiben als bei anderen Rechtsformen. Das kann die Wahl beeinflussen. Erst recht gilt dies für die Pflicht zur Offenlegung der Bücher, die Publizitätspflicht.
Beim Umfang dieser Pflichten gibt es je nach Größe der GmbH ganz entscheidende Unterschiede. Deshalb gehe ich im folgenden Abschnitt zunächst kurz auf die Klassifizierung der GmbH ein.

### Klein – mittel – groß

Das Handelsgesetzbuch teilt die Kapitalgesellschaften in kleine, mittlere und große ein. Die Einteilung wird nach drei Merkmalen vorgenommen: nach Umsatzerlösen, Bilanzsumme und Zahl der Arbeitnehmer. Es genügt für die Zuteilung zu einer Klasse, dass zwei der drei Merkmale einer Klasse zutreffen. Ändern sich die Einteilungskriterien in zwei aufeinander folgenden Geschäftsjahren, steigt die GmbH auf oder ab. Die Einteilungskriterien werden alle fünf Jahre angepasst, zuletzt zum 1. Januar 2005.

## Größeneinteilung der GmbH

Jeweils zwei der drei Kriterien müssen erfüllt sein:

| Unterneh-mensgröße | Bilanzsumme | Umsatzerlöse | Arbeitnehmer |
|---|---|---|---|
| **Kleine GmbH** | nicht mehr als 4,015 Mio. Euro | nicht mehr als 8,03 Mio. Euro | nicht mehr als 50 |
| **Mittlere GmbH** | nicht mehr als 16,06 Mio. Euro | nicht mehr als 32,12 Mio. Euro | nicht mehr als 250 |
| **Große GmbH** | mehr als 16,06 Mio. Euro | mehr als 32,12 Mio. Euro | mehr als 250 |

## Bücher und mehr

Bei der Rechnungslegung verlangt das HGB von der GmbH mehr als vom Einzelkaufmann, von der OHG oder der KG. Wie viel mehr genau, das hängt von der Größenklasse ab.

Für die *Bilanz* ist den Kapitalgesellschaften eine bestimmte Gliederung vorgeschrieben. Beispielsweise sind beim Umlaufvermögen unter „Vorräten" detailliert aufzuführen: die Roh-, Hilfs- und Betriebsstoffe, unfertige und fertige Erzeugnisse sowie Anzahlungen. *Aber:* Kleine Unternehmen können die „Vorräte" in der Bilanz ohne diese Untergliederung abhandeln. Dasselbe gilt bei den anderen Punkten wie Sachanlagen oder Gewinnrücklagen.

Die *Gewinn-und-Verlust-Rechnung* muss genau besagen, wie das Ergebnis zustande kommt, bis hin zur Darlegung der Aufwendungen für Roh-, Hilfs- und Betriebsstoffe oder der Erhöhung und Verminderung von Lagerbeständen. Dies lässt manchmal tief blicken. *Aber:* Kleine und mittlere Unternehmen können stattdessen diese Einzelheiten zusammenfassen und als Posten „Roherträge" aufführen, eine erheblich diskretere Variante.

Der Jahresabschluss muss um einen *Anhang* ergänzt werden, der die Bilanzierungs- und Bewertungsmethoden erläutert. Außerdem gliedert er etwa die Umsatzerlöse nach Tätigkeitsbereichen und regiona-

len Märkten auf, soweit Tätigkeiten aus dem üblichen Rahmen der GmbH fallen. Auch die Summe der Geschäftsführerbezüge wird angegeben. Auch dies sind ziemlich „intime" Auskünfte. *Aber:* Kleine Unternehmen dürfen sich über die Einzelheiten der Umsatzerlöse und die Geschäftsführerbezüge ausschweigen, mittlere immerhin noch über die Details der Umsatzerlöse.
Schließlich müssen sich die Kapitalgesellschaften in einem *Lagebericht* über Geschäftsverlauf, Lage am Bilanzstichtag und die voraussichtliche Entwicklung auslassen. *Aber:* Kleine Unternehmen sind von dieser Pflicht befreit.
Große und mittlere Unternehmen müssen die Zahlenwerke drei Monate nach Ende des Geschäftsjahres fertig gestellt haben, kleine können sich sechs Monate Zeit lassen, falls „dies einem ordnungsgemäßen Geschäftsgang entspricht" (§ 264 HGB). Das ist bei größeren Verlusten sicher nicht der Fall, denn dann muss schnell Klarheit über die Lage geschaffen werden.
Mittlere und große Unternehmen haben Jahresabschluss und Lagebericht von einem Abschlussprüfer prüfen zu lassen.

! Die Verletzung der Buchführungspflichten ist im Pleitefall strafbar.

## Publizität – Zwang zur Offenheit

Sämtliche GmbHs müssen ihre Zahlen ab 1. Januar 2007 nicht mehr beim Handelsregister, sondern im zentralen Unternehmensregister publizieren, wo jeder – wirklich: jeder – sie online abrufen kann. Am härtesten trifft das die großen Unternehmen. Sie müssen ihre Zahlenwerke komplett so, wie oben dargestellt, veröffentlichen. Dazu kommen noch Vorschlag und Beschluss über die Verwendung der Erträge. Diese Angaben darf die GmbH allerdings für sich behalten, falls sich daraus Rückschlüsse auf die Gewinnanteile natürlicher Personen ziehen lassen.
Die gleichen Angaben müssen auch die mittleren Unternehmen publizieren, ihre Bilanz aber nur in der Form, wie sie auch von den kleinen

verlangt wird – allerdings, um es nicht zu sehr zu vereinfachen, muss diese um einige Informationen angereichert werden. Die übrigen Unterlagen müssen komplett eingereicht werden, wie sie zu erstellen sind.
Die kleinen Unternehmen schließlich dürfen sich relativ bedeckt halten: Ihnen werden nur Bilanz und Anhang – nicht aber Gewinn-und-Verlust-Rechnung – abverlangt, und natürlich nur in der Kurzform, die für die Erstellung vorgeschrieben ist.
Es gab zwar schon bisher Druckmittel für die GmbHs, die sich nicht an die Publizitätspflicht hielten, die sich auf dem Papier sehr scharf ausnahmen, in der Praxis haben sie nicht viel bewirkt. Das wird sich ab 1. Januar 2007 ändern. Dann können GmbHs und ihre Geschäftsführer nicht mehr darauf hoffen, ungeschoren durch die Gesetzeslücken schlüpfen zu können. Bei Drucklegung stand noch nicht genau fest, wie die Sanktionen aussehen werden, einig war man sich aber über alle Parteien hinweg, dass sie für die Betroffenen unerfreulich werden sollen.

**z.B.** Welche Bedeutung Rechnungslegung und Publizität für die Wahl der Rechtsform haben, hängt zunächst stark von der angestrebten Unternehmensgröße ab, aber auch vom gesamten Umfeld, denn nicht immer werden Konkurrenz und Geschäftspartner selbst aus genauen Angaben Kapital schlagen können.

## Gründung

Eine GmbH ins Leben zu rufen ist aufwändiger als bei den anderen hier vorgestellten Rechtsformen. Es ist außerdem teurer und verlangt – wie auch sonst bei der GmbH – präzises Vorgehen, wenn nicht die Haftungsbegrenzung schon aufs Spiel gesetzt werden soll, bevor sie überhaupt aktiviert worden ist.

## Der Weg zur GmbH

Nachdem der oder die zukünftigen GmbH-Unternehmer den Entschluss zur Gründung der Gesellschaft gefasst haben, trennen sie noch fünf Schritte von ihrem Ziel:

1. *Der Gesellschaftsvertrag*
   Die Satzung der GmbH muss beim Notar beurkundet werden und von Gesetzes wegen mindestens Firma und Sitz der Gesellschaft festlegen, ihr Betätigungsgebiet sowie Angaben zu Höhe und Verteilung des Stammkapitals auf die Gesellschafter enthalten.
   Mit Beurkundung des GmbH-Vertrages ist eine so genannte Vor-Gesellschaft entstanden, eine GmbH in Gründung (i.G.). Dieser Zusatz muss angefügt werden, wenn das Unternehmen schon als GmbH auftreten will.
2. *Der Geschäftsführer*
   Dieser muss als Nächstes bestellt werden. Das kann schon im Gesellschaftsvertrag erfolgen, ansonsten durch einen Gesellschafterbeschluss, der für die Anmeldung ins Handelsregister notariell zu beglaubigen ist.
3. *Das Kapital*
   Dieses ist anschließend fällig. Jeder Gesellschafter muss mindestens ein Viertel seiner Einlage an den Geschäftsführer zahlen, insgesamt müssen dabei als Minimum 12 500 Euro (künftig wohl 5 000 Euro) zusammenkommen. Bei einer Ein-Mann-GmbH muss der Unternehmer für das restliche nicht einbezahlte Kapital eine Sicherheit stellen (das soll nach der GmbH-Reform nicht mehr nötig sein). Die Zahlung ist nur wirksam, wenn dem Geschäftsführer die Einlage als Bargeld zur Verfügung steht. Das ist etwa beim Scheck erst der Fall, wenn er diesen eingelöst hat.

! Sollen andere Wirtschaftsgüter als Einlage dienen, muss das im Gesellschaftsvertrag festgehalten sein. Dann liegt eine Sacheinlage vor, was umständlich und teuer ist, denn das Handelsregister muss davon überzeugt werden, dass die Güter ihr Geld wert sind. Dies ist in einem „Sachgründungsbericht" im Detail darzulegen und in aller Regel durch Gutachten zu untermauern.

4. *Die Anmeldung ins Handelsregister*
   Die Anmeldung ins Handelsregister durch die Geschäftsführer ist der nächste Schritt. Auch hierzu ist eine notarielle Beglaubigung erforderlich. Dazu gehören der Gesellschaftsvertrag, die Legitimation der Geschäftsführer, eine Liste der Gesellschafter, gegebenenfalls die Unterlagen zur Sacheinlage und die Versicherung, dass die Geschäftsführer die Mindestzahlungen auf die Einlagen in den Händen haben. Ab 1. Januar 2007 wird der Notar das per Mausklick erledigen, der Geschäftsführer muss also nur noch diesen aufsuchen, sich aber nicht mehr persönlich zum Handelsregister bemühen.
5. *Die Eintragung ins Handelsregister*
   Diese erfolgt, wenn alles seine Richtigkeit hat. Erst damit ist die GmbH ins Leben getreten und die Haftungsbegrenzung aktiviert.

## Gründungskosten

Hat die GmbH das Mindestkapital von 25 000 Euro, müssen für den Notar bei einer Ein-Personen-Gründung etwa 250 Euro inklusive Mehrwertsteuer und Auslagen gezahlt werden, bei einer Mehr-Personen-GmbH etwa 350 Euro, dazu 84 Euro für das Handelsregister. Diese Kosten steigen bei besserer Kapitalausstattung. Sie verdoppeln sich bei 80 000 Euro Kapital, bei 190 000 Euro steigen sie auf das Vierfache (alles Zirka-Beträge). Das sind zugleich die Mindestkosten der Gründung. Wenn nach der GmbH-Reform Gründungen mit einem Stammkapital von 10 000 Euro zulässig sind, macht das entsprechend günstigere Gründungen möglich. Erheblich höher können die Beträge sein, die bei einer Sacheinlage für einen Gründungsprüfer oder auch ein

Wertgutachten anfallen. Die Beratung über den Vertrag und die Anfertigung des Entwurfs ist in den Notarkosten inbegriffen. Es können weitere Kosten etwa für Steuerberater hinzukommen.

## Gründungsfallen

Neben den oben beschriebenen Fehlerquellen bei der GmbH-Einlage gibt es im Gründungsstadium weitere typische Fußangeln. Eine davon ist, dass spätestens in der Phase nach Vertragsschluss die Vorbereitungen meist auf Hochtouren laufen. Räume werden gemietet oder gesucht, Ausrüstung wird gekauft, vielleicht wird sogar schon der Betrieb aufgenommen.

Das Problem dabei ist: Wer in dieser Phase aktiv wird, haftet persönlich, und zwar in voller Höhe, also ohne Beschränkung auf den Betrag der Einlage. Absprachen mit den Vertragspartnern, die diese Haftung ausschließen, können hier helfen. Aktivitäten vor der Eintragung verursachen oft noch ein anderes Problem: Das Kapital ist beim Gang zum Handelsregister nicht mehr unangetastet. Es ist aber einer der heiligsten GmbH-Grundsätze, dass der Wert der Einlagen wenigstens bei der Gründung wirklich vorhanden zu sein hat. Wenn er das nicht mehr ist, müssen die Gesellschafter einspringen und die Differenz nachschießen.

Sind also bei der Eintragung von den 25 000 Euro bereits 5 000 Euro nicht mehr vorhanden, müssen diese nachgezahlt werden und das muss ausdrücklich als Kapitalzahlung verbucht werden. Die einzige erlaubte Minderung des Kapitals ist die aufgrund der notwendigen Gründungskosten für Notar und Register, soweit der Gesellschaftsvertrag das ausdrücklich vorsieht. Das Schlimme daran ist, dass es für diese Nachzahlungspflicht kein Limit gibt. Ist die GmbH bei der Eintragung bereits mit 75 000 Euro in den roten Zahlen, werden bei einer Stammeinlage von 25 000 Euro runde 100 000 Euro fällig. Hier hilft nur Vorsicht und schnelle Abwicklung der Gründung.

Diese Gründungsrisiken gefährden den Schutz der GmbH-Unternehmer durch die Haftungsbeschränkung, sie können also einen der Hauptvorzüge dieser Rechtsform neutralisieren. Sie stellen dagegen keinen Nachteil der GmbH gegenüber den anderen Rechtsformen dar, wo die Unternehmer selbstverständlich ohne Beschränkung für alle Verluste haften. Im Übrigen ist ein Schutz gegen diese Risiken durch Kauf einer vorgegründeten GmbH möglich (siehe auch Kapitel 11).

## Verkauf und Nachfolge

Die GmbH ist nachfolgefreundlich. Bei Verkauf, Schenkung und Vererbung von GmbH-Anteilen sind Geber und Nehmer in puncto Haftung fein raus, da nur das eingezahlte Kapital für die Gesellschaftsschulden einstehen muss. Deshalb braucht der Erbe selbst dann für sein Privatvermögen nichts zu befürchten, wenn die GmbH bereits vom wirtschaftlichen Tod gezeichnet ist.

Dieses GmbH-Sicherheitssystem ist allerdings nur unter einer Bedingung aktiviert: Mit Einzahlung und Erhöhung des Kapitals muss alles stimmen. Wurde einer der oben genannten Fehler gemacht mit der Folge, dass die Zahlung noch verlangt werden kann, haften Veräußerer und Erwerber mit ihrem gesamten Vermögen für die Einlageforderung, und zwar unabhängig davon, was sie untereinander ausgemacht haben. Hat der Verkäufer versprochen, die rückständige Einlage zu zahlen, nützt das dem Käufer nur dann etwas, wenn sein Vertragspartner dazu tatsächlich in der Lage ist. Sonst muss er zahlen. Der Alt-Gesellschafter selbst haftet noch fünf Jahre für die Altlasten. Er kann sich also dieser nicht einfach durch Verkauf elegant entledigen.

Will der Käufer oder der Erbe sichergehen, muss er die Kapitaleinzahlung auf Herz und Nieren prüfen. Sechs Wochen hat er Zeit, um die Erbschaft bei Gefahr auszuschlagen. Danach kann er sich noch durch

Nachlassinsolvenz oder Nachlassverwaltung in Sicherheit bringen. Die Insolvenz muss er beantragen, sobald er Wind von der Überschuldung des Nachlasses bekommt, die Verwaltung spätestens innerhalb von zwei Jahren. In beiden Fällen haftet er nicht mehr mit seinem persönlichen Hab und Gut für die Altschulden, ist aber dafür das gesamte Erbe los.

GmbH-Anteile können jederzeit ohne weiteres durch notariellen Vertrag übertragen werden. Häufig aber schränkt der Gesellschaftsvertrag diese Freiheit ein. Er kann etwa bestimmen, dass die Weitergabe nur mit Zustimmung aller oder mit der Mehrheit der Gesellschafter oder auch der Geschäftsführer möglich ist, dass die Anteile in der Familie bleiben müssen oder dass die anderen Gesellschafter ein Vorkaufsrecht haben, also die Möglichkeit, die Anteile selbst statt eines Fremden zu den ausgehandelten Konditionen zu übernehmen.

Die Funktionstrennung zwischen Gesellschafter und Geschäftsführung erlaubt die flexible Handhabung einer stufenweisen Unternehmensübergabe, die gegebenenfalls durch Änderungen im Gesellschaftsvertrag flankiert werden muss.

Beim Verkauf der GmbH-Anteile fällt für den Veräußerungserlös Einkommensteuer an, allerdings ist nur die Hälfte des Kaufpreises steuerpflichtig – ein erheblicher Vorteil für die Kapitalgesellschaften. Dafür gibt es – anders als bei Einzelunternehmen und Personengesellschaften – keine Steuervergünstigungen bei Verkauf wegen Alters oder Berufsunfähigkeit. Die Kosten des Verkaufs gehen vom Gewinn ab. Werden mindestens 95 Prozent einer Gesellschaft verkauft, muss für eine Immobilie im Betriebsvermögen auch noch Grunderwerbsteuer gezahlt werden. Das betrifft vor allem Ein-Personen-Gesellschaften.

Bei Schenkung und Erbschaft gibt es Freibeträge von 225 000 Euro. Das macht die scheibchenweise Übertragung des Unternehmens im Zehn-Jahres-Takt bei der GmbH steuerlich interessant. Durch die Trennung von Eigentum und Geschäftsführung wird die Flankierung des schleichenden Wechsels durch eine passende Unternehmensverfassung einfacher als bei den Personengesellschaften.

Auch GmbH-Erben sollen künftig von der Neuregelung der Erbschaftsteuer profitieren, und zwar nach der derzeitigen Planung folgendermaßen: Wenn der Erblasser mehr als 25 Prozent des Gesellschaftskapitals gehalten hat, werden seine Erben von der Erbschaftsteuer befreit, falls sie das Unternehmen zehn Jahre lang fortführen. Dadurch soll allerdings nur produktives Vermögen, nicht aber beispielsweise Grundstücke, begünstigt werden.

## Wechsel der Rechtsform

Für die Umwandlung der GmbH ist der Weg nach allen Seiten frei. Auch steuerlich gibt es wenig Probleme. So bleiben stille Reserven unangetastet. Pensionsrückstellungen müssen bei Umwandlung in Personengesellschaften nicht aufgelöst und versteuert werden, wohl aber bei der Umwandlung in ein Einzelunternehmen. Weitere Rückstellungen mit positivem Steuereffekt sind nach der Umwandlung aber nicht mehr möglich.

## Checkliste: GmbH

❑ Für wen?
Eine GmbH kann jeder mit jedem oder auch alleine gründen. Beschränkungen gibt es für einige freie Berufe.

❑ Handelsrecht?
Ja, auch für Freiberufler-GmbH.

❑ Haftung
Schutz vor Vertragshaftung und wirtschaftlichen Risiken. Aber: Die ganze Sicherheitskonstruktion steht und fällt mit der strengen Beachtung der GmbH-Regeln. Auch bei der GmbH bleibt die persönliche Verantwortung bei Verletzung von Gesetzen und Verkehrssicherungspflichten.

❑ Handhabbarkeit
Die GmbH verlangt Präzision. Die Regeln über das Kapital sind aufwändig. Geldbewegungen zwischen GmbH und Unternehmer gestalten sich kompliziert. Ansonsten wegen der relativ klaren Struktur gutes Handling.

- Rollenangebote
  Die vorgegebenen Rollen von Gesellschaftern und Management bieten alle Möglichkeiten. Ein Rückzug aus der Managementfront ist – anders als bei OHG und KG – nicht mit Nachhaftungsproblemen belastet.
- Kapitalbeschaffung und Mitarbeiterbeteiligung
  Aufnahme als Gesellschafter und stille Beteiligung sind möglich, praktischer ist die stille Beteiligung. Wegen ihrer ausgeprägten Strukturen ist die GmbH für Investoren interessanter als Personengesellschaften.
- Steuern
  Anders als Einzelunternehmen und Personengesellschaften zahlt die GmbH 25 Prozent Körperschaftsteuer. Dafür werden die Gewinne bei den Gesellschaftern nur zur Hälfte besteuert und erst bei Ausschüttung. Den Auszahlungszeitpunkt kann die GmbH frei wählen, das eröffnet Gestaltungsmöglichkeiten. Für die Gewinne gibt es den Sparerfreibetrag.
  GmbH-Verluste können nicht mit Gewinnen aus anderen Einkommensarten verrechnet werden. Auch eine Freiberufler-GmbH zahlt immer und ohne Freibeträge Gewerbesteuer.
  Geschäftsführerbezüge und Pensionsrückstellungen auch für Gesellschafter senken die Gewerbesteuer. Das ist bei den anderen Rechtsformen nicht möglich.
- Buchführungspflicht
  Der Aufwand hängt von der Größe der GmbH ab. Er ist immer deutlich größer als bei Einzelkaufmann, OHG oder KG, erst recht als bei Nichtkaufmann, GbR und Partnerschaft.
- Publizitätspflicht
  Diese trifft GmbH, AG und GmbH & Co. KG als Einzige der vorgestellten Rechtsformen. Das Ausmaß hängt von der Größe ab. Es beschränkt sich bei kleinen GmbHs auf Bilanz und Anhang in Kurzform.

- ❏ Image
  Wer die GmbH wählt, präsentiert sich als ernst zu nehmender Teilnehmer am Wirtschaftsleben. Der Akzent liegt mehr auf dem Unternehmen als auf der Person. Dies passt nicht immer, wenn die persönliche Dienstleistung im Vordergrund stehen soll.
- ❏ Gründung
  Ist bei der GmbH vergleichsweise aufwändig. Die Mindestkosten sind erschwinglich, aber deutlich höher als bei Einzelunternehmen und Personengesellschaften. Werden bei der Gründung die Regeln nicht strikt beachtet, ist die Haftungsbeschränkung in Gefahr.
- ❏ Verkauf und Nachfolge
  Sind bei der GmbH relativ unproblematisch. Haftungsprobleme gibt es für Alt-Gesellschafter und Erwerber oder Erben nur bei fehlerhafter Kapitaleinzahlung. Nachfolgeregelungen lassen sich flexibel gestalten.
- ❏ Wechsel der Rechtsform
  Ist nach allen Seiten komfortabel.

# Teil 9:

# AG – für jede Größe

Aktiengesellschaft, das rief bis vor ein paar Jahren Assoziationen wie Siemens, DaimlerChrysler und Börse hervor. Dann erfand der Gesetzgeber die „kleine AG“ und plötzlich wurde die AG als Rechtsform für den Mittelstand entdeckt. Tatsächlich zeigte sich, dass sie auch dort ein so breites Spektrum an Einsatzmöglichkeiten hat, dass es im Nachhinein erstaunt, dass diese Entdeckung so lange auf sich warten ließ.
„Klein“ ist übrigens jede AG, die nicht börsennotiert ist, „klein“ waren also bis zu ihrem Börsengang auch die Telekom AG oder die Post AG.
Die Sonderregelungen für „Kleine“ sind: AG-Neugründungen bis 500 Mitarbeiter sind mitbestimmungsfrei, wie das schon immer für die GmbH galt. Außerdem gibt es ein paar Erleichterungen im Handling: Ein-Personen-Gründung ohne Umweg über Strohmänner, weniger Formalien bei der Hauptversammlung, etwas mehr Freiheit bei der Gewinnverwendung.
Es lohnt sich allemal, einen näheren Blick auf die AG zu werfen, vor allem wenn das Unternehmen auf Expansion ausgerichtet ist.

## Für wen?

Die kleine AG ist eine Rechtsform für fast alle, für Ein-Personen-Unternehmer ebenso wie für Zusammenschlüsse. Auch für die meisten Berufe kommt sie grundsätzlich in Frage. Bei Freiberuflern sind Einschränkungen möglich.

## Image

Das „AG“ hinter dem Unternehmensnamen macht ohne Frage Eindruck und die Titel Vorstand oder Aufsichtsrat schmücken ungemein. Das dürfte mit gewissen Abstrichen auch noch gelten, nachdem die AG durch ihre größere Verbreitung in den letzten Jahren die alte Exklusivität verloren hat. Allerdings sollte das Prädikat AG mit dem Gesamtauftritt des Unternehmens harmonieren. Für die Startrunde in Wohnzimmer oder Garage wirkt es wohl doch etwas übertrieben.

# So funktioniert die AG

Die Regeln für die AG lassen wesentlich weniger Spielraum für Änderungen und Anpassung an die speziellen Bedürfnisse des Unternehmens als die GmbH-Vorschriften. Das gilt vor allem auch für die Rollenverteilung von Hauptversammlung, Aufsichtsrat und Vorstand.

**Tipp** Ob diese aufwändige Leitungsstruktur zu ausgesprochenen Kleinunternehmen passt, muss bezweifelt werden. Auch wer auf einfaches Handling Wert legt, ist mit der AG nicht optimal bedient. Sie ist noch komplizierter als die GmbH. Ein Experte hat das einmal so ausgedrückt: „Man muss ständig mit dem Gesetzestext unter dem Arm herumlaufen" – und der ist ungefähr fünfmal so dick wie bei der GmbH.

Andererseits bietet diese aufwändige Struktur auch eine Anzahl von Gestaltungsmöglichkeiten, die keine andere Rechtsform aufzuweisen hat. Das kann den Aufwand oft rentabel machen.

## Kapital

Die AG muss ein Grundkapital von mindestens 50 000 Euro haben, das in Aktien aufgeteilt ist. Nennbetragsaktien müssen auf mindestens einen Euro lauten. Der Nennwert einer Aktie gibt ihren Anteil am Grundkapital wieder. Eine Ein-Euro-Aktie verbrieft bei einem Grundkapital von 50 000 Euro also ein Fünfzigtausendstel.

Das AG-Kapital kann auch in Stückaktien aufgeteilt werden, die nicht auf einen Nennbetrag lauten, sondern auf einen Bruchteil des Grundkapitals. An der Notwendigkeit eines festen Grundkapitals ändert sich nichts. Jede Aktie muss einen Anteil von mindestens einem Euro am Grundkapital repräsentieren.

Aktien ohne Sonderrechte heißen Stammaktien – im Unterschied zu Vorzugsaktien, die dafür kein Stimmrecht haben. Regelfall der Stammaktien sind die Inhaberaktien, die ohne weiteres verkauft werden können. Als Alternative dazu können Namensaktien ausgegeben werden, die nur schriftlich (durch „Indossament") übertragen werden können. Über sie wird ein Aktienbuch geführt, das der AG eine gute Übersicht über ihre Eigentümer verleiht. Die Übertragung der Inhaberaktien kann von der Zustimmung des Vorstands oder – falls die Satzung das bestimmt – des Aufsichtsrates oder der Hauptversammlung abhängig gemacht werden (so genannte Vinkulierung). Das ist gerade für Familien-AGs interessant, weil es die Kontrolle über die Eigentumsverhältnisse sichert.

## Hauptversammlung

> **!** Das „Parlament" der Eigentümer hat wenig Einfluss auf die Geschäftsführung. Weder bestellt es den Vorstand noch kann es ihm Weisungen erteilen. Die Hauptversammlung kann nur auf ausdrücklichen Wunsch des Vorstands über Fragen der Geschäftsführung entscheiden.

Anders bei der GmbH, bei der die Gesellschafter sich im Prinzip jederzeit ins Tagesgeschäft einmischen können – falls ihnen die Satzung das nicht ausdrücklich verbietet. Die Satzung lässt sich natürlich auch ändern. Die Hauptversammlung ist zuständig für Satzungsänderungen, Kapitalerhöhungen, Verwendung des Bilanzgewinns und vor allem für die Bestellung des Aufsichtsrates.
Die Spielregeln sind hier gerade für kleinere AGs entschärft worden. So muss die Einladung nicht unbedingt öffentlich bekannt gemacht werden oder per Einschreiben erfolgen: Wenn alle Aktionäre tatsächlich anwesend sind und keiner widerspricht, kann die Aktionärsversammlung ohne solche Formalien über die Bühne gehen. Das ist praktisch, wenn es nur wenige und bekannte Anteilseigner gibt. Bei kleinen AGs muss auch nicht mehr jedes Mal der Notar das Protokoll führen, sondern nur bei Satzungsänderungen und ähnlich außergewöhnlichen Beschlüssen.

## Aufsichtsrat

> **!** Er besteht aus mindestens drei Mitgliedern. Sie dürfen nicht gleichzeitig im Vorstand sein. Der Aufsichtsrat bestellt den Vorstand und kontrolliert ihn, hat jedoch keinen direkten Einfluss auf die Geschäftsführung. Die Satzung oder der Aufsichtsrat können aber festlegen, dass der Vorstand bestimmte wesentliche Geschäfte nur mit dem Plazet der Aufsichtsräte vornehmen darf.

Der Titel „Aufsichtsrat" ist begehrt, deshalb sind die Chancen gut, Top-Leute für diesen Posten zu gewinnen: ein Weg, im Unternehmen nicht vorhandenes Know-how direkt in die Struktur der AG einzubinden. Einem Vorstand aus Technikern könnten etwa Vertriebsspezialisten und Finanzexperten im Aufsichtsrat beigestellt werden. Diese müssten sonst teuer auf dem Beratungsmarkt eingekauft werden. Denkbar ist auch, diese Institution zur Verankerung von Kundenbindung und Kundenorientierung zu nutzen: Wichtige Geschäftspartner werden in das Gremium berufen und können dort die Kundenperspektive einbringen.

Nicht übersehen werden darf, dass der Aufsichtsrat gerade für den bisherigen Alleineigentümer eine große Umstellung bringt. Sitzt er selbst in diesem Gremium, kann er nicht mehr einfach „durchregieren". Hat er sich für einen Vorstandsposten entschieden, muss er Rechenschaft im eigenen Haus ablegen. Doch das hat auch Vorteile. Ein Unternehmer hat das einmal so formuliert: „Es ist gut, wenn man anderen die Gründe für sein Handeln verkaufen muss. Das bringt erhöhtes Verantwortungsbewusstsein und vermindert Fehlentscheidungen." Oder ein anderer: „Obwohl ich es bin, fühle ich mich nicht als Alleineigentümer."

## Vorstand

! Er wird vom Aufsichtsrat eingesetzt, eine Person genügt. Er leitet die Geschäfte unabhängig von den Aktionären und frei auch von Weisungen des Aufsichtsrates.

Diese Unabhängigkeit ist es, die, neben dem schönen Titel (der doch etwas besser klingt als „Geschäftsführer") und natürlich einer angemessenen Dotierung, diesen Posten auch für Spitzenmanager attraktiv macht. Ein Vorteil, der zum Tragen kommt, wenn das Unternehmen so groß ist, dass der oder die Gründer die Verantwortung teilen wollen, vor allem aber bei der Sicherung der Kontinuität des Lebenswerks, wenn der Gründer sich aus dem Tagesgeschäft zurückziehen will und keinen geeigneten Nachfolger in der Familie hat. Wer von außen kommend bei einer Familien-GmbH in die Geschäftsführung einsteigt, muss immer damit rechnen, dass ihm ins Handwerk gepfuscht wird.

## Geldentnahme

! Die Verwendung der Gewinne ist bei der AG deutlich stärker reglementiert als bei der GmbH. Zwar haben auch bei der AG die Anteilseigner über die Verwendung des Bilanzgewinns zu entscheiden, doch bevor sie Thema der Hauptversammlung wird, muss erst einmal der Jahresüberschuss von Vorstand und Aufsichtsrat festgestellt werden.

Davon werden dann kräftige Abstriche gemacht. Zunächst muss die gesetzliche Rücklage von zehn Prozent des Grundkapitals mit bis zu fünf Prozent des Jahresüberschusses aufgefüllt werden, dann werden die Rücklagen gefüttert, welche die Satzung vorsieht (falls sie das tut). Schließlich können noch Vorstand und Aufsichtsrat bis zu 50 Prozent des Jahresüberschusses nach Gutdünken in andere Rücklagen einstellen.

Diese Möglichkeit allerdings kann bei kleinen AGs durch die Satzung beschränkt werden. Erst nach all diesen Abzügen kann die Hauptversammlung über den Rest frei verfügen. Bei der GmbH genügt ein Gesellschafterbeschluss, der jederzeit gefasst werden kann, vorausgesetzt, es gibt etwas zu verteilen.

## Rollenangebot

Die AG bietet wie die GmbH ein reiches Rollenangebot: vom Anteilseigner im Hintergrund über den Aufsichtsrat mit Kontrollfunktion bis hin zum Vorstand an der geschäftlichen Front.

! Anders als bei der GmbH muss sich allerdings der AG-Unternehmer entscheiden. Er kann neben der Position des Aktienbesitzers höchstens eine Rolle übernehmen, entweder die des Aufsichtsrats oder die des Vorstands. Dies gilt auch dann, wenn er Alleinaktionär ist. Und er muss seine Macht immer mit anderen teilen.

Hier handelt es sich nicht nur um eine Formalität, denn wer etwa zum Aufsichtsrat berufen wird, muss dem Vorstand auf die Finger sehen, selbst wenn diesem das ganze Unternehmen gehört. Sonst riskiert der Aufsichtsrat persönliche Haftung, wenigstens im Insolvenzfall. Diese Kontrolle kann jedoch durchaus erwünscht sein, bringt sie doch die Erfahrung anderer in das Unternehmen ein. Trotzdem ist es nicht jedermanns Sache. Wer deshalb den gesicherten und ungebremsten Einfluss auf sein Unternehmen wünscht, der ist mit der GmbH besser bedient.

## Haftung

Grundsätzlich bietet auch die AG ihren Gesellschaftern, also den Aktionären, Schutz vor persönlicher Haftung, der aber bei Fehlbedienung in Gefahr ist. Das ist auf den ersten Blick wie bei der GmbH. Faktisch ist das Haftungsrisiko wohl erheblich geringer als für GmbH-Gesellschafter, denn auch Mehrheitsaktionäre sind sehr weit vom Tagesgeschehen entfernt. Außerdem dürfte die starke Formalisierung vieler Abläufe in der AG einen guten Schutz vor Fehlern bieten, wie sie für die GmbH typisch sind. Der AG-Eigner wird zu mehr Distanz zu seinem Unternehmen und zu mehr Kontrolle auch dann gezwungen, wenn er sich sehr intensiv und aktiv ums Geschäft kümmert. Das verhindert den familiären Umgang mit dem eigenen Unternehmen, der bei der GmbH eine der Hauptursachen für viele Fehler ist.

Wer allerdings als AG-Besitzer auch in Vorstand oder Aufsichtsrat aktiv ist, übernimmt zusätzliche Haftungsrisiken. Das war in der Theorie schon immer so, praktisch kam es aber kaum vor, dass ein Aufsichtsrat von einem Vorstand wegen grober Fehler Schadenersatz verlangte. Doch hier hat sich in den letzten Jahren viel geändert. Der Bundesgerichtshof hat die Haftung des Aufsichtsrats für seine Überwachungsaufgaben ausdrücklich festgestellt, außerdem reagiert auch die Öffentlichkeit mit gesteigerter Wachsamkeit auf angebliche und tatsächliche Managementfehler.

Verschärft wird diese Situation, sobald die AG an die Börse geht. Dann kommt etwa die Haftung für die Angaben im Emissionsprospekt dazu. Dieses Papier ist beim Börsengang Pflicht, es informiert über die für eine Anlageentscheidung wichtigen Unternehmensdaten. Aber auch sonst suchen enttäuschte Anleger immer häufiger nach Wegen, bei Vorstand und Aufsichtsrat Schadenersatz für ihren Anlagefrust zu bekommen. Beliebter Anknüpfungspunkt ist die Ad-hoc-Publizität, also die Pflicht, kursrelevante Tatsachen unverzüglich bekannt zu machen. Bislang standen hier die Chancen für die Anleger schlecht, aber die gesetzliche Situation wird für sie verbessert.

Besser als bei der GmbH stehen die Chancen bei der AG, Darlehen für die Gesellschaft zu bekommen, ohne dafür auch die persönliche Haftung übernehmen zu müssen. Grund ist das größere Renommee dieser Rechtsform und die meist bessere Kapitalausstattung.
Bei der persönlichen Haftung des AG-Managements für Produktsicherheit oder bei der strafrechtlichen Verantwortung gibt es keinen Unterschied zur GmbH.

## Kapitalbeschaffung und Mitarbeiterbeteiligung

Bei Kapitalbeschaffung und Mitarbeiterbeteiligung ist die AG der Star unter den Rechtsformen. Unübertroffen sind Effektivität, Klarheit und Eleganz der Lösungen, die sie bietet. Allerdings kann diese Vorteile nur realisieren, wer mit der nötigen Sorgfalt vorgeht. Wie sich das Unternehmen an der Börse frisches Kapital ohne Einschaltung individueller Investoren verschaffen kann, steht im nächsten Abschnitt.

### Investoren einbinden

Investoren bekommen für ihr Geld neue Aktien, welche durch eine Kapitalerhöhung geschaffen werden oder welche die AG selbst hält. Es treten ihnen nicht etwa die Inhaber der AG einen Teil ihrer Anteile ab, denn das würde nur deren Privatschatullen füllen, nicht aber die Kassen des Unternehmens.
Wenn sich die Investoren aus ihrem Engagement zurückziehen, verkaufen sie ihre Anteile. Häufiges Ziel ist, das Unternehmen in einer bestimmten Zeit zur Börsenreife zu entwickeln, dann können die Investoren ihre Anteile im Rahmen des Börsengangs versilbern. Auch bei der AG müssen die Dauer des Engagements der Investoren, die Ausstiegsbedingungen („Exit“) und die sonstigen gegenseitigen Rechte und Pflichten vertraglich fixiert werden.

Im Einzelfall kann auch bei der AG eine stille Beteiligung für Unternehmen und Investoren interessant sein; diese können so mehr Einfluss und Kontrolle bekommen als bei einer Beteiligung als „gewöhnliche" Aktionäre.

! Allerdings: So einfach und diskret wie bei den anderen Rechtsformen ist das bei der AG nicht möglich. Nötig ist ein notariell beurkundeter Hauptversammlungsbeschluss und der wird ins Handelsregister eingetragen.

## Mitarbeiter motivieren

Für die Mitarbeiterbeteiligung ist die Zuteilung von Aktien plausibler und transparenter als eine stille Beteiligung und besonders effektiv bei börsennotierten Gesellschaften: Täglich können die Mitarbeiter den Erfolg ihrer Arbeit an den Kursen ablesen. Das motiviert. Die Kehrseite: Die Kursentwicklung hängt von vielen Faktoren ab. Stürzt der Kurs trotz aller Mitarbeiterbemühungen ab, wird er zum Motivationskiller. Als Beteiligungsmodell verbreitet sind Aktienoptionsprogramme, im Wirtschaftsdeutsch: Stock-Option-Programme, kurz: SOP. Es gibt hier zahlreiche Detailvariationen, das Grundprinzip funktioniert so: Mitarbeitern werden Aktienoptionen zugeteilt, also das Recht, Aktien zu einem vorher festgelegten Preis nach Ablauf einer Wartezeit – laut Gesetz mindestens zwei Jahre – zu kaufen. Ist der Kurs in dieser Zeit gestiegen, streichen die Mitarbeiter einen Gewinn ein. Ist er allerdings gesunken, sind die Optionen wertlos.

! Die Handhabung der Optionen verlangt Präzision. Beispielsweise muss klar sein, was beim Ausscheiden eines Mitarbeiters vor Ablauf der Wartezeit geschieht. Häufig sollen dann die Optionen verfallen. Dazu sind eindeutige Regelungen notwendig.

# Der Weg an die Börse

Dieser Abschnitt bietet einen kurzen Wegweiser für den Gang zur Börse, auch IPO (Initial Public Offering) genannt, und sagt, wie hoch die Kosten dafür sind.

## Reif für die Börse?

An der Börse haben nur Unternehmen eine Chance, die institutionellen Anlegern wie Aktienfonds oder Versicherungen und privaten Investoren einen Grund bieten, ihr Geld gerade in diese AG zu stecken. Dazu gehören mindestens eine marktreife Idee und die Vorbereitung der Vertriebsschienen. Besser ist es, wenn die AG bereits schwarze Zahlen mit steigender Tendenz vorweisen kann. Außerdem wollen die Anleger eine plausible Strategie für die nächsten Jahre sehen, in die der Einsatz des neuen Börsenkapitals eingebunden ist. Das Management muss von seiner Fähigkeit überzeugen, das Unternehmen auch nach starkem Wachstum führen zu können.

! Zur Börsenreife gehören klare Strukturen im Unternehmen und Steuerungsmechanismen, die auch nach einem Wachstumsschub noch funktionieren; Zahlenwerke, die transparent sind und im eigenen Haus gefertigt werden. Nur so können sie die Steuerung des Unternehmens unterstützen. Nicht börsentauglich ist eine Buchhaltung, die außer Haus von Steuerberater oder Wirtschaftsprüfer erledigt wird.

## Der Weg

Die AG kommt über ein Zulassungsverfahren an die Börse. Den Antrag stellt sie zusammen mit einer Bank. Nur mit dieser verhandelt die Börse über die Zulassung. Die Bank übernimmt das Projektmanagement, empfiehlt Berater, koordiniert sie, sorgt für die Platzierung der Aktien und knüpft Kontakte zu institutionellen Kunden.

**!** Deshalb muss die AG als Erstes eine Bank von ihren Qualitäten überzeugen, denn ein Börsenflop schadet deren Ruf. Die Bank muss aber auch für die AG die richtige sein. Sie braucht Branchenkenntnisse, um die Marktchancen der AG einschätzen und das Unternehmen optimal vertreten zu können. Über die Managementlinie sollte wenigstens in den Grundzügen Einigkeit bestehen. Und die Chemie muss stimmen, denn nur so kann die notwendige enge Zusammenarbeit funktionieren. Die AG sollte sich deshalb nicht scheuen, mehrere Banken in einem „Beauty Contest" ihre Vorzüge präsentieren zu lassen.
An diesem Punkt kann ein Emissionsberater hilfreich sein. Er erarbeitet zur Darstellung gegenüber den Banken ein „Factbook", das über Gegenstand des Unternehmens, Wettbewerbsumfeld, Finanzsituation und Zukunftsplanungen informiert. Teilweise werden IPO-Berater auch für den ganzen Weg zur Börse verpflichtet.

Ist die Bank gefunden, geht die eigentliche Arbeit los: Die Bank lässt in der „Due Diligence" die rechtliche Struktur des Unternehmens und seine Vertragswerke, seine Zahlenwerke, sein Geschäftsmodell und seine Wettbewerbssituation auf Herz und Nieren prüfen. Fehler werden ausgebessert. Die Equity-Story wird geschrieben. Das ist die Zusammenstellung der Gründe, die für den Kauf gerade dieser Aktien sprechen, also Stellung im Markt, Zielsetzungen und Chancen, diese umzusetzen. Werbung und PR werden organisiert, Börsenzulassung und die Emissionsprospekte vorbereitet. Das Unternehmen wird Presse und Analysten präsentiert, danach steht die Vorstellung des Projekts – die „Roadshow" – bei den institutionellen Investoren an. Schließlich muss der Ausgabepreis für die Aktien festgelegt werden. Dieses Programm lastet nach Expertenmeinung den Vorstand mehrere Monate zu 75 Prozent aus.
Für ihre Dienste kassiert die Emissionsbank vier bis sieben Prozent des Emissionsvolumens. Dazu kommen bis zu einer weiteren Million Euro Kosten für Anwälte, Wirtschaftsprüfer, PR, Druck, Anzeigen.

## Das Ziel

Die Deutsche Börse in Frankfurt am Main bietet den Unternehmen verschiedene Möglichkeiten für den Handel ihrer Aktien. Diese bilden jeweils das Umfeld, das für die Wahrnehmung der Aktie durch potenzielle Anleger eine ähnliche Bedeutung hat wie der Verkaufsort und die Präsentation für Waren.
Zunächst gibt es drei im Börsengesetz festgelegte so genannte Marktsegmente.

- ❑ Zum *Amtlichen Handel* können Unternehmen zugelassen werden, die bereits drei Jahre bestehen und ihre Abschlüsse mindestens drei Jahre publiziert haben. Der Kurswert der Emission darf nicht unter 1,25 Millionen Euro liegen, 25 Prozent der Aktien müssen frei handelbar sein. Für die Kurse gibt es die amtliche Notierung.
- ❑ Im *Geregelten Markt* – mit nicht-amtlicher Notierung – sind die Anforderungen geringer. Als Emissionsvolumen genügt ein Nennwert von 250 000 Euro.
- ❑ Im *Freiverkehr* werden hauptsächlich ausländische Papiere gehandelt. Für die Zulassung genügt ein genehmigter Verkaufsprospekt. Für die Aktien gibt es so genannte Börsenpreise.

Die Frankfurter Börse unterscheidet zusätzlich zwischen Zulassung nach „General Standard", für die nur die gesetzlichen Mindestanforderungen erfüllt sein müssen, und nach „Prime Standard". Wer unter diesem Label auftreten will, muss zusätzlich international übliche Anforderungen erfüllen, das heißt: Quartalsberichterstattung nach den Formvorgaben der Börsenordnung, internationale Rechnungslegungsstandards, Unternehmenskalender, mindestens eine Analystenkonferenz pro Jahr sowie Ad-hoc-Mitteilungen zusätzlich in englischer Sprache.
Neben der Deutschen Börse gibt es die Regionalbörsen. Auch sie bieten die drei Marktsegmente und zusätzliche Handelssegmente, die sich etwa bei der Bayerischen Börse in München vor allem an den Mittelstand richten.

## Der Preis

Wer an die Börse will, sollte sich über den Preis im Klaren sein, den er auf Dauer zahlen muss. Nicht ohne Grund heißt der Gang zur Börse Going-public. Ab jetzt muss die AG alle kursrelevanten Entwicklungen im Unternehmen laufend in so genannten Ad-hoc-Mitteilungen publizieren. Dazu kommen je nach Börsensegment unterschiedliche Berichtspflichten über die Unternehmensentwicklung. All das bringt verschärfte Haftungsrisiken mit sich. Außerdem kostet die unverzichtbare Beziehungspflege zu den Anlegern – Investor Relations – Geld und Energie.

Läuft die Unternehmensentwicklung nicht so wie gewünscht, interessiert sich jeder dafür. Deshalb gibt es mittlerweile nicht wenige Unternehmen, die sich nach der anfänglichen Börseneuphorie wieder mehr ins private Umfeld zurückziehen möchten. Möglich ist das „Delisting", allerdings ruft das bei Aktionären häufig Unmut hervor, denn ihre Aktien sind dann kaum noch handelbar.

# Steuern

Es gelten dieselben Regeln wie für die GmbH.

# Buchführung und Publizität

Es gilt dasselbe – einschließlich der Einteilung in Größenklassen – wie für die GmbH. Allerdings gelten börsennotierte AGs und AGs, welche die Börsenzulassung beantragt haben, immer als groß. Außerdem sind für große AGs die Regeln in einem Punkt schärfer als für große GmbHs: Sie müssen – anders als eine GmbH – Vorschlag und Beschluss über die Verwendung der Erträge in jedem Fall veröffentlichen.

# Gründung

Die Gründung ist aufwändiger und teurer als bei der GmbH. Eine AG kann auch ein einzelner Gründer allein ins Leben rufen. Wer es sehr eilig hat oder mit dem Gründungsaufwand einfach nichts zu tun haben will, kann eine Fertig-AG kaufen (siehe auch Kapitel 11).

## Die Schritte zur AG

Der Weg bis zur Eintragung ist etwas länger als bei der GmbH.

1. *Satzung*
   Die Verfassung der AG heißt Satzung. Sie muss notariell beurkundet werden und mindestens angeben: die Gründer, Aktienart mit Nennbetrag beziehungsweise Stückelung, den eingezahlten Betrag des Grundkapitals, Firma, Sitz und Betätigungsfeld der AG, Höhe und Aufteilung des Grundkapitals auf die Aktien. Außerdem muss geregelt sein, ob Inhaber- oder Namensaktien ausgestellt werden, wie viele Mitglieder der Vorstand hat und wie Bekanntmachungen der Gesellschaft veröffentlicht werden.
   Werden einzelnen Aktionären oder Dritten besondere Vorteile eingeräumt, muss das in der Satzung genau aufgeführt werden, ebenso wenn Kapital durch Sacheinlage aufgebracht werden soll.
   Wenn die Satzung steht, übernehmen die Gründer die Aktien.
2. *Leitungspersonal*
   Als nächster Schritt werden Aufsichtsrat und Vorstand installiert. Ihre Bestellung gilt längstens bis zur Hauptversammlung, die über die Entlastung für das erste Geschäftsjahr beschließt. Außerdem wird ein Abschlussprüfer berufen, falls es sich ausnahmsweise schon bei der Gründung um eine prüfungspflichtige mittelgroße oder große AG handelt. Die Einteilungskriterien finden Sie im Kapitel 8 unter „Buchführung und Publizität" ab Seite 142. Auch diese Schritte werden notariell beurkundet.

3. *Gründungsbericht und andere Formalien*
   Über die Gründung müssen die Gründer einen schriftlichen Bericht abfassen. Er wird vor allem wichtig, wenn das Kapital durch Sacheinlage aufgebracht wurde oder wenn Vorstände oder Aufsichtsräte mit besonderen Vorteilen oder einer Honorierung für ihre Gründungsaktivitäten bedacht wurden.
   Vorstand und Aufsichtsrat müssen die Gründung prüfen. Sitzen Gründer selbst in diesen Gremien, müssen externe Gründungsprüfer eingeschaltet werden, ebenso bei Sacheinlagen.
4. *Eintragung*
   Sind die Einlagen zu mindestens einem Viertel des Nennbetrages eingezahlt – Sacheinlagen müssen komplett bei der AG sein –, kann die AG beim Handelsregister angemeldet werden. Auch dazu ist eine notarielle Beglaubigung erforderlich.
5. *Kosten*
   Bei einer Ein-Personen-AG mit 50 000 Euro Grundkapital sind für den Notar etwa 500 Euro zu zahlen, bei einer Mehr-Personen-AG rund 650 Euro, jeweils einschließlich Mehrwertsteuer und Auslagen. Das Handelsregister kostet 132 Euro. Diese Kosten steigen bei höherem AG-Kapital. Externe Prüfungen sowie die Beratung durch Steuerberater, Wirtschaftsprüfer oder Rechtsanwälte können die Ausgaben erheblich in die Höhe treiben.

## Gründungsfallen

Die Probleme sind im Prinzip dieselben wie bei der GmbH: Wer vor Eintragung ins Handelsregister für die künftige AG aktiv wird, riskiert persönliche Haftung. Allerdings tappen AG-Gründer offenbar erheblich seltener in diese Fallen. Vielleicht ist bei ihnen das Bewusstsein stärker ausgeprägt, wie wichtig es ist, die Formalien für die Haftungssicherheit zu beachten.

## Verkauf und Nachfolge

> **!** Nichts ist leichter zu verkaufen als eine AG: Einfach die Aktien abstoßen und das wars. Kein Notar, keine Nachhaftung.

Auch für die Nachfolge bietet sie wohl die reichste Auswahl an Problemlösungen: Das Management kann bei der Familie bleiben; die AG ist aber auch der beste Weg, es in andere Hände zu legen, wenn aus der Familie niemand die Neigung oder Fähigkeit zur Weiterführung des Unternehmens zeigt. So ist sowohl die Absicherung der Familie wie die Fortführung des Lebenswerkes möglich. Schließlich dient auch die im Vergleich zu anderen Rechtsformen leichtere Kapitalbeschaffung der langfristigen Kontinuität des Unternehmens.
Bei der steuerlichen Behandlung gibt es keine Unterschiede zur GmbH.

## Wechsel der Rechtsform

Wie bei der GmbH nach fast allen Seiten problemlos.

## Checkliste: AG

❑ Für wen?
Für alle. Beschränkungen gibt es noch für einige freie Berufe.

❑ Handelsrecht?
Ja.

❑ Haftung
Schutz vor Vertragshaftung und wirtschaftlichen Risiken, erheblich weniger gefährdet als bei der GmbH. Unangetastet bleibt die persönliche Verantwortung vor allem des Vorstands bei Verletzung von Gesetzen und Verkehrssicherungspflichten.

- ❑ Handhabbarkeit
  Kompliziert, was sie für ausgesprochene Kleinunternehmen zu aufwändig macht. Geldbewegungen zwischen AG und Unternehmer sind umständlich, allerdings können Anteile leicht verkauft werden. Ansonsten wegen der relativ klaren Struktur gutes Handling.
- ❑ Rollenangebote
  Viele Möglichkeiten, aber nicht die des uneingeschränkten Alleinherrschers.
- ❑ Kapitalbeschaffung und Mitarbeiterbeteiligung
  Wegen der problemlosen Übertragbarkeit der Aktien, der Möglichkeit, an die Börse zu gehen, und der zahlreichen Gestaltungsmöglichkeiten belegt die AG in beiden Disziplinen die Spitzenplätze.
- ❑ Steuern
  Wie bei der GmbH.
- ❑ Buchführungspflicht
  Wie bei der GmbH.
- ❑ Publizitätspflicht
  Wie bei der GmbH, aber börsennotierte AGs gelten immer als „groß".
- ❑ Image
  Eine AG macht Eindruck, das Unternehmen muss dem aber auch gerecht werden. Die AG steht mehr als andere im öffentlichen Interesse. Das muss man wollen.
- ❑ Gründung
  Noch aufwändiger als bei der GmbH. Satzung und Wahl des Aufsichtsrats müssen notariell beurkundet werden, was einen Kostenfaktor darstellt. Bezahlbar bleibt es trotzdem. Dazu empfehlen sich meist rechtliche und steuerliche Beratung.
- ❑ Verkauf und Nachfolge
  Übertragung durch Verkauf der Aktien – ohne Notar und damit sehr einfach. Für Nachfolgeregelungen bieten sich die besten Möglichkeiten – sowohl für Nachfolger aus der Familie wie von außerhalb. Die Aktien können in der Familie gehalten werden, indem ihre

Übertragung von der Zustimmung der AG abhängig gemacht wird (Vinkulierung). Steuerliche Behandlung wie die GmbH.

- ❑ Wechsel der Rechtsform
  Ist nach allen Seiten komfortabel.

# Teil 10:

# Ltd. and more – was bringen Importmodelle?

Deutsche Unternehmen können Rechtsformen aus anderen EU-Ländern auch für ihre Geschäfte in Deutschland nutzen, und zwar selbst dann, wenn Sitz und Verwaltung des Unternehmens in Deutschland liegen. Wer also eine Auslands-Rechtsform attraktiver findet als die deutschen Modelle, kann diese einfach importieren. Einzige Bedingung: Das muss nach den Gesetzen des Herkunftslandes zulässig sein. Das hat der Europäische Gerichtshof in zwei Urteilen klargestellt („Überseering", Az. Rs. C-208/00, und „Inspire Art", Az. Rs. C-167/01) und damit die faktischen Importverbote der deutschen Gerichte aufgehoben. Diese hatten nämlich bis dahin entschieden, dass eine Auslandsgesellschaft in dem Augenblick ausschließlich nach deutschem Recht zu beurteilen ist, in dem sie ihren Sitz ins Land verlegt. Praktisch bedeutete das: Der Haftungsschutz, den die Gesellschaft im Ausland geboten hatte, entfiel.

Die Urteile eröffnen neue Perspektiven bei der Suche nach der richtigen Rechtsform. Denn was die anderen europäischen Länder zu bieten haben, weist oft gegenüber den heimischen Produkten deutliche Vorteile auf. So bietet die englische Limited (Ltd.) Haftungsschutz ohne Kapitaleinsatz bei wenig Gründungsformalitäten. Die spanische Sociedad Limitada Nueva Empresa (SLNE) hat EU-weit die wahrscheinlich einfachste Gründung und Buchführung, bietet aber ebenfalls Haftungsschutz ab einem Kapitaleinsatz von 3 012 Euro. Oder die Société par Action Simplifiée (SAS) aus Frankreich: Das ist eine Aktiengesellschaft mit im Verhältnis zu deutschen Gepflogenheiten stark vereinfachtem Handling und einem Mindestkapital von 37 000 Euro.

Haftungsschutz ohne deutschen Formalismus und mit weniger Kapitaleinsatz, damit werben viele Anbieter von Importmodellen. Um diese Vorteile nutzen zu können, muss der Unternehmer sich weder ins Ausland begeben noch dessen Sprache beherrschen. Er kann das Importmodell hier bestellen und bekommt es frei Haus geliefert, und das oft für weniger Geld als eine fertig gegründete deutsche GmbH oder AG (siehe Kapitel 11). Zusätzlich lockt der Gedanke an die günstigen Steuersätze in manchen EU-Ländern wie Großbritannien oder Irland.

Mit Abstand am bekanntesten von den Auslands-Gesellschaften ist die englische Limited, sie wird auch weitaus am häufigsten den deutschen Unternehmern fertig zum Gebrauch angeboten. Und von diesem Angebot machen immer mehr Unternehmer Gebrauch, Mitte 2006 waren es schon 30 000. Im Vergleich zu den eine Million GmbHs ist das zwar immer noch nicht viel, aber die GmbH gibt es dafür auch schon über 100 Jahre. Deshalb wird die Limited mit ihren Vorzügen und Nachteilen im folgenden Abschnitt genauer vorgestellt, auf andere Modelle wird nur am Rand eingegangen.
Um eines vorweg gleich klar zu sagen: Sobald Import-Rechtsformen in Deutschland tätig werden, müssen sie deutsches Recht beachten, also Anmeldungen bei Gewerbeamt oder Industrie- und Handelskammer, und sie müssen Steuern nach deutschen Gesetzen zahlen.

## Exportverbote

Trotz der Urteile des Europäischen Gerichtshofs können manche Rechtsformen nicht importiert werden, für sie bestehen gewissermaßen Exportverbote. Sie verlieren nach dem Recht ihrer Heimatländer die Rechtsfähigkeit und damit den Haftungsschutz, sobald ihr Verwaltungssitz nach Deutschland verlegt wird. Das gilt etwa für Gesellschaften aus Frankreich, Belgien, Luxemburg, Österreich, Italien oder Portugal. Bislang gilt das auch für die deutsche GmbH: Auf Verlegung der Unternehmenszentrale ins Ausland steht Löschung aus dem Handelsregister, damit entfällt der Haftungsschutz. Nach der Reform soll die GmbH mobiler sein und ihren Verwaltungssitz ohne Schaden für den Haftungsschutz ins Ausland verlegen können. Das soll die internationale Konkurrenzfähigkeit der GmbH gegenüber Rechtsformen verbessern, die solche Freiheit schon heute haben, etwa Gesellschaften aus Großbritannien, Irland, den Niederlanden oder Spanien. Diese überstehen einen Grenzübertritt funktionsfähig, solange sie in ihren Gründungsländern die dort vorgeschriebenen Pflichten erfüllen.

# Die Limited

Die – so der vollständige Name – Private Company Limited by Shares, kurz: Limited (Ltd.), ist eine Kapitalgesellschaft auf Aktienbasis, aber ohne Mindestkapital, die ihren Gesellschaftern Haftungsschutz bietet wie die deutsche GmbH. Und wie bei der GmbH haftet der Geschäftsführer für Gesetzesverstöße oder die Abführung von Steuern und Sozialversicherung persönlich.
Eine Limited kann jeder gründen, unabhängig von Staatsangehörigkeit und Wohnsitz.

# Rollen

Bei der Limited müssen drei Positionen besetzt werden. Wie bei der GmbH gibt es zunächst einmal die Gesellschafter, die Shareholder. Eine Mindestzahl ist nicht vorgeschrieben, eine Limited kann also als Ein-Personen-Gesellschaft gegründet werden.
Die Geschäfte führt der Geschäftsführer, der „Director". Wie bei der GmbH ist es möglich, eine Limited von mehreren Directors führen zu lassen, dann spricht man von einem Board of Directors. Aus ihrer Mitte können die Directors einen Chairman als Vorsitzenden bestimmen, ebenso einen Managing Director, der meist umfassende Befugnis hat.
Schließlich braucht die Limited einen Company Secretary, den die Directors bestimmen. Sein Job ist vor allem die korrekte Erfüllung der Formalien.
Grundsätzlich können die Rollen beliebig kombiniert werden, jede Person kann also mehrere Funktionen gleichzeitig übernehmen. Eine Ausnahme gilt allerdings, wenn es nur einen Director gibt. Er kann dann nicht gleichzeitig Company Secretary sein.

# Image

Die Wirkung der Limited als Rechtsgewand für das Unternehmen auf Geschäftspartner und Kunden in Deutschland lässt sich schwer abschätzen. Sicher dürfte aber sein, dass es oft Erklärungsbedarf geben wird. Das kann durchaus ein willkommener Aufhänger sein, um etwa das eigene Geschäftskonzept darzustellen.

Ohne Erklärung wird die Wirkung meist zwischen international, exotisch und windig liegen. Allgemein bekannt ist, dass die Limited eine international gebräuchliche Rechtsform ist, das kann dem Unternehmen einen internationalen Anstrich geben, wenn es zu ihm passt, etwa im Software-Bereich, wo sich die Limited einer gewissen Beliebtheit erfreut. Eine Bäckerei Ltd. dagegen wird eher exotisch wirken, was allenfalls erwünscht ist, wenn auch ihr Angebot entsprechend aus dem Rahmen fällt. Allerdings ist zu befürchten, dass viele die Wahl der Limited einfach als Indiz für Defizite bei der Seriosität werten, denn es dürfte sich auch herumsprechen, dass für die Limited mit dem Argument Haftungsschutz ohne Kapitaleinsatz geworben wird. Wenn ein Unternehmer nicht in der Lage ist, das GmbH-Mindestkapital von 25 000 Euro (künftig 10 000 Euro) auf die Beine zu stellen, erweckt das nicht unbedingt Vertrauen.

Ganz anders sieht es aus, wenn die Geschäfte einen deutlichen Auslandsbezug haben. Denn jenseits der Grenzen ist die Limited im Gegensatz zur GmbH – sieht man einmal von Österreich ab – eine bekannte Größe.

Das alles gilt noch stärker für andere Auslandsrechtsformen wie die spanische SLNE. Kein Mensch versteht hierzulande, was das bedeuten soll. Schon deshalb verbietet sich eigentlich die Verwendung einer solchen Rechtsform für das reine Deutschlandgeschäft. Auch hier sieht es natürlich anders aus, wenn Spanien für das Unternehmen wichtig ist oder dieses gar dorthin verlegt werden soll. Eine Ausnahme mag deshalb vielleicht auch im Grenzgebiet zu den Niederlanden für den Holland-Import Besloten Vennootschap met beperkte aansprakelijkheid (B.V.) gelten.

# Gründung

Am Anfang steht der schriftliche Gesellschaftsvertrag, für den die gesetzlichen Bestimmungen weitgehende Vorgaben machen. Die Namenswahl ist frei, der Zusatz Limited oder Ltd. aber vorgeschrieben. Der oder die Directors und der Company Secretary müssen benannt sowie ein Registered Office in Großbritannien eingerichtet werden. Das ist die Zustelladresse der Gesellschaft, an die offizielle Schreiben gehen. Diese Funktion wird oft von Anwälten oder Steuerberatern in Großbritannien übernommen. Natürlich muss sichergestellt sein, dass Schreiben an das Office entweder sofort erledigt oder an die Geschäftsführung beziehungsweise den Inhaber der Limited in Deutschland weitergeleitet werden.

Für die Gründung kann ein Nominalkapital genannt werden, dieses muss aber weder eingezahlt werden noch hat es einen Bezug zur Haftung der Gesellschafter. Für diese kommt es nur darauf an, wie viele Anteile in welchem Nennwert sie übernehmen. Ein Beispiel: Das Nominalkapital beträgt 500 000 Pfund. Es gibt zwei Gesellschafter, von denen jeder zwei Anteile – Shares – im Wert von jeweils 1 Pfund übernimmt. Dann müssen nur diese insgesamt 4 Pfund eingezahlt werden und nur bis zu dieser Höhe haften die Shareholder vor der Einzahlung persönlich. Irgendwelche Probleme mit Kapitalaufbringung oder Sachgründungen wie bei deutschen Kapitalgesellschaften gibt es nicht.

Der Gesellschaftsvertrag und zwei Formulare mit den notwendigen Angaben zur Limited werden beim House of Companies in Cardiff, dem zentralen Handelsregister, eingereicht. Ein Notar ist nicht notwendig. Der Haftungsschutz wird mit Aushändigung der Gründungsurkunde, dem Certificate of Incorporation, wirksam. Das dauert etwa fünf Arbeitstage und kostet 20 Pfund. Für 80 Pfund wird die Registrierung in 24 Stunden erledigt.

Die Gründungsformalitäten lassen sich komplett von Deutschland aus abwickeln. Das übernehmen gegen Honorar in sehr unterschiedlicher Höhe Dienstleister in Deutschland, von denen eine zunehmende Anzahl etwa im Internet zu finden ist. Das kostet oft deutlich weniger

als der Kauf einer fertig gegründeten GmbH oder AG. Kein Mitglied der Limited muss sich persönlich nach Großbritannien begeben.
Dazu kommt die zusätzlich notwendige Anmeldung beim Deutschen Handelsregister. Das geht nur mit notarieller Beglaubigung. Außerdem müssen die Unterlagen aus Großbritannien dem Register in beglaubigter Übersetzung vorgelegt werden.

## So funktioniert die Limited

Die Limited muss beim englischen Handelsregister jährlich einen Jahresabschluss mit Bilanz, die Annual Accounts, und einen Jahresbericht über den Status der Gesellschaft, den Annual Report, einreichen sowie bei den Finanzbehörden eine Steuererklärung, alles auf Englisch. Wer die Termine verschläft, wird abgemahnt, mit Bußgeldern belegt und – wenn das nichts nützt – aus dem Register gestrichen. Damit entfällt auch der Haftungsschutz.
Für ihre Geschäfte in Deutschland fällt der gleiche Aufwand an wie für jedes andere Unternehmen auch, also vor allem Steuererklärungen, Genehmigungen und Anmeldungen etwa bei Gewerbeamt und Kammern.
Unkompliziert sind die Formalitäten in England für Änderungen bei Gesellschaftern oder Kapital. Dergleichen wird einfach dem Companies House im ohnehin jährlich fälligen Annual Return mitgeteilt. Die fehlerträchtigen deutschen Regeln für die Kapitalaufbringung und Kapitalerhaltung interessieren nicht. Allerdings muss bei Import-Gesellschaften jede Änderung auch beim deutschen Handelsregister eingetragen werden, das geht nicht ohne Notarsiegel und beglaubigte Übersetzung der Unterlagen.
Bei wichtigen Geschäften kann es sein, dass die Vertragspartner einen Vertretungsnachweis verlangen. Der muss beim Companies House beschafft werden. Bei der GmbH genügt ein Blick ins Handelsregister. Eine Rolle kann schließlich die grundlegende Rechtsunsicherheit spielen: Die deutschen Gerichte müssen nämlich englisches Gesellschaftsrecht anwenden. Was dabei herauskommt, ist derzeit noch kaum abschätzbar.

## Auf die Dienstleister kommt es an

Abgesehen von den oft unterschätzten Kosten, die in Großbritannien für den Unterhalt der Limited anfallen, ist ein Grundproblem wohl die dauernde Abhängigkeit von externen Dienstleistern, in der sich Unternehmen ohne eigenes Standbein auf der Insel befinden. Das fängt bei der Gründung an und setzt sich bei den jährlichen Berichtspflichten gegenüber Register und Steuerbehörden in Großbritannien fort. Dazu kommt das Registered Office. Immerhin gibt es in Deutschland für die Limited inzwischen eine gewisse Dienstleistungsinfrastruktur, bei den übrigen Import-Varianten sieht es schlechter aus. Aber das verursacht natürlich Kosten, die schon mal 1000 Euro oder mehr im Jahr betragen können.

Mehr als die Kosten fällt vielleicht die Abhängigkeit von der Zuverlässigkeit der Anbieter ins Gewicht, denn wenn ihr Service nicht funktioniert, kann es unversehens passieren, dass Shareholder und Directors ohne Haftungsschutz dastehen. Und in puncto Seriosität machen keineswegs alle Anbieter einen sehr überzeugenden Eindruck. Wenn sie mit Befreiung von deutschen Behördengängen oder günstigen Steuern im Gründungsland locken, ist das schlicht Bauernfängerei, selbst wenn irgendwo im eher Kleingedruckten darauf hingewiesen wird, dass diese Vorteile nur für Geschäfte in Großbritannien gelten.

## Steuern und Buchführung

Für das Geschäft in Deutschland fallen deutsche Steuern an. Bei den britischen Finanzbehörden ist zusätzlich eine Steuererklärung abzugeben.

Was beim House of Companies an Bilanzen, Buchführung und dergleichen einzureichen ist, richtet sich wie in Deutschland nach EU-Standards und hängt von der Größe der Gesellschaft ab.

## Kapitalbeschaffung und Mitarbeiterbeteiligung

Wegen des sehr einfachen Handlings bei der Ausgabe von Gesellschaftsanteilen ist die Limited für die Einbindung von Investoren oder Mitarbeitern grundsätzlich gut geeignet. Ein Problem kann hier allerdings das Image dieser Rechtsform machen, soweit das Zweifel an der Solidität des Unternehmens weckt. Im Übrigen sind auch bei der Limited stille Beteiligungen möglich.

## Verkauf und Nachfolge

Auch hier bietet diese Rechtsform technisch gute Voraussetzungen für interessengerechte Lösungen.

## Wechsel der Rechtsform

Der Wechsel in eine deutsche Rechtsform ist umständlich und nur durch Auflösung und Neugründung zu bewerkstelligen, da das deutsche Umwandlungsrecht bei der Limited nicht zum Zuge kommt. Dafür ist der Übergang zur britischen Public Limited Company (PLC), der regulären Aktiengesellschaft, problemlos, da die Struktur dafür nicht geändert werden muss.

## Fazit

Die Limited ist für das internationale Geschäft gut geeignet und dort der GmbH wegen größerer Bekanntheit sicher überlegen. Für den reinen Inlandseinsatz ist sie trotz ihrer attraktiv-schlanken Strukturen nur ausnahmsweise geeignet, weil Verpflichtungen gegenüber staatlichen Stellen in zwei Ländern zu beachten sind, was auch entsprechende laufende Kosten mit sich bringt.

## Ltd.-Informationen

Zuverlässige und unabhängige Informationen zur Limited in deutscher Sprache bietet die Deutsch-Britische Industrie- und Handelskammer – German-British Chamber of Industry&Commerce – in 6 Buckingham Gate, London SW1E6LB, Tel. 0044 20 79764-100, www.ahk-london.co.uk, mail@ahk-london.co.uk. Eine Beratung ist gebührenpflichtig.

## Checkliste: Limited

❑ Für wen?
Für alle, die Haftungsschutz wollen.

❑ Handelsrecht?
Ja

❑ Haftung
Haftungsschutz wie bei der GmbH, aber weniger durch Handlingfehler gefährdet.

❑ Handhabbarkeit
Von der Struktur her einfach und wenig fehleranfällig. Aufwand machen die doppelten Pflichten, einerseits gegenüber englischem Register und englischen Steuerbehörden, andererseits in Deutschland. Das ist auch ein dauerhafter Kostenfaktor.

❑ Rollenangebote
Die Positionen von Gesellschaftern und Geschäftsführung können getrennt werden, müssen aber nicht, außerdem ist innerhalb der Geschäftsführung eine weitgehende Differenzierung der Verantwortung möglich. Das bietet reiche Gestaltungsmöglichkeiten für die Rollenverteilung.

- ❏ Kapitalbeschaffung und Mitarbeiterbeteiligung
  Die Struktur bietet hier gute Voraussetzungen. Auch stille Beteiligungen sind möglich.
- ❏ Steuern
  Für Geschäfte in Deutschland nach deutschem Steuerrecht.
- ❏ Buchführung und Publizität
  Nach EU-Standards beim House of Companies in Cardiff.
- ❏ Image
  In Deutschland exotisch bis windig, das ist eher selten erwünscht. Im Ausland bekannter als GmbH.
- ❏ Gründung
  Die Gründung ist unkompliziert und wenig zeitaufwändig, sie verlangt keinen Einsatz von Kapital. Die Kosten sind auch bei Einschaltung von Dienstleistern meist mäßig. Allerdings empfiehlt sich zusätzliche rechtliche und eventuell steuerliche Beratung.
- ❏ Verkauf und Nachfolge
  Einfach zu realisieren.
- ❏ Wechsel der Rechtsform
  Einfach zur „normalen“ britischen Aktiengesellschaft, umständlich zu allen deutschen Rechtsformen.

# Teil 11:

# Das müssen Sie noch wissen

Dieses Kapitel beantwortet wichtige Fragen, die zum Thema gehören, aber nicht in die Vorstellung der einzelnen Rechtsformen passen.

# GmbH & Co. KG und Ltd. & Co. KG

Die GmbH & Co. KG ist eine Variante der KG, die wegen ihrer großen Verbreitung kurz dargestellt wird. Die Ltd. & Co. KG ist eine neue Variante dieser Variante mit ein paar erwähnenswerten Vorzügen.

## Die Konstruktion und ihre Folgen

Die GmbH & Co. KG ist eine KG, bei der die GmbH die Rolle des persönlich haftenden Gesellschafters spielt. Dies hat zunächst einen haftungsrechtlichen Effekt: Obwohl es sich um eine Personengesellschaft handelt, muss niemand persönlich den Geldbeutel hinhalten. An Sicherheit kann die GmbH & Co. KG mit der GmbH in etwa mithalten.

Nachfolgeprobleme in Familienunternehmen lassen sich lösen, indem eine GmbH gegründet, zum Komplementär der bestehenden OHG oder KG gemacht und mit einem passenden Geschäftsführer versehen wird.

Die Kehrseite dieser erfreulichen Haftungsmedaille: Auf die Gesamtkonstruktion – und nicht nur die Komplementär-GmbH – werden die GmbH-Regeln über Insolvenzanmeldung und kapitalersetzende Gesellschafterleistungen angewandt. Das bedeutet: Insolvenz muss bereits bei Überschuldung angemeldet werden, der familiäre Umgang mit der KG in Finanzangelegenheiten hat ein Ende. Seit dem Jahr 2000 gelten für die GmbH & Co. KG auch in puncto Publizität weitgehend dieselben Regeln wie für Kapitalgesellschaften.

## Steuern

Das Finanzamt behandelt die GmbH & Co. KG im Wesentlichen wie eine gewöhnliche KG. Im Detail sieht dies so aus: Die Bestandteile GmbH und KG werden jeweils ganz „normal" besteuert. Das gilt zunächst für Einkommen- und Körperschaftsteuer. Die Einnahmen der Kommanditisten stammen dabei aus Gewerbebetrieb.
Gewerbesteuer müssen in der Theorie beide Unternehmensformen zahlen. Doch vom Gewerbeertrag wird bei der GmbH selten etwas bleiben, er wird also bei der KG versteuert, mit den Vorteilen des Freibetrags von 24 500 Euro und der stufenweisen Steigerung bis 72 500 Euro.
Als Zwischenbilanz lässt sich festhalten: Gegenüber der GmbH hat die GmbH & Co. KG dieselben Steuervorteile wie alle anderen Personenhandelsgesellschaften. Sie besitzt aber auch deren Steuernachteile: Gehälter für Geschäftsführer der GmbH, die gleichzeitig Kommanditisten sind, mindern nicht den Gewinn und damit auch nicht die Gewerbesteuer. Dasselbe Problem gibt es bei Pensionsrückstellungen. Anders ist es natürlich, wenn Geschäftsführer von außen die Leitung der GmbH übernehmen. Deren Bezüge stellen gewinnmindernde Betriebsausgaben dar.

## Die neue Alternative: Ltd. & Co. KG

Bei der GmbH & Co. KG hat die GmbH meist ihre Schuldigkeit getan, wenn sie den Gesellschaftern die Haftungsrisiken abnimmt. Dafür braucht sie keine besonderen Eigenmittel, im Gegenteil: Je weniger sie hat, desto weniger Haftungskapital müssen die Gesellschafter aufbringen. Unter diesem Gesichtspunkt ist deshalb bei dieser Konstruktion die Ltd. die ideale Besetzung für den Posten des persönlich haftenden Gesellschafters, da sie praktisch ohne Mindestkapital auskommt. Natürlich gilt auch hier, was über die Vor- und Nachteile dieser Rechtsform gesagt wurde, es kommt aber vielleicht weniger zum Tragen, weil das operative Geschäft bei der KG liegt.

## Fazit

> **!** Ihre Konstruktion macht die GmbH & Co. KG in der Handhabung recht kompliziert. Der Aufwand für Konstellationen, in denen die Personenhandelsgesellschaften steuerlich deutlich günstiger liegen, kann sich jedoch lohnen, weil gleichzeitig die Haftungsbeschränkung realisiert wird, die aber wie bei der Solo-GmbH mit relativ hohen Anforderungen ans Handling bezahlt werden muss. Hier kann in manchen Fällen die Ltd. & Co. KG eine überlegenswerte Alternative sein.

# Stille Beteiligung

Stille Beteiligungen sind bei allen Rechtsformen möglich. Dabei gründet – um es juristisch genau zu sagen – ein Einzelunternehmer oder eine Gesellschaft mit einem oder mehreren stillen Teilhabern eine stille Gesellschaft oder Innengesellschaft. Die stille Einlage wird dem Unternehmer oder der Gesellschaft überschrieben, nur sie treten nach außen in Erscheinung, nicht die Teilhaber. Die Beteiligung wird – außer bei AGs – nicht ins Handelsregister eingetragen, Diskretion ist also möglich.
Der stille Teilhaber ist immer am Gewinn beteiligt. Seine Haftung beschränkt sich generell auf die Einlage, auch wenn er – was vereinbart werden kann, aber nicht muss – am Verlust beteiligt ist. Die stille Beteiligung ist ein sehr flexibles Instrument, das sich durch entsprechende Vereinbarungen präzise an die Bedürfnisse der Beteiligten anpassen lässt.

## Die Basisformen

Bei der „typischen" stillen Beteiligung – sie heißt so, weil sich diese Variante am gesetzlichen Modell des HGB orientiert – beschränkt sich die Teilhabe auf den Anteil am Gewinn und – soweit vereinbart – am Verlust. Das sind Einkünfte aus Kapital mit den entsprechenden Freibeträgen. Der stille Teilhaber hat dieselben Kontrollrechte wie ein Kommanditist, er kann also eine Abschrift des Jahresabschlusses verlangen und dessen Richtigkeit anhand der Geschäftsunterlagen prüfen. Mehr kann er bei wichtigem Grund nur gerichtlich durchsetzen.

Bei der „atypischen" Variante reicht die Beteiligung des stillen Teilhabers weiter. Sie erstreckt sich auf die stillen Reserven und den Geschäftswert, seine Einfluss- und Kontrollmöglichkeiten können größer sein. Dies verändert die Lage für das Finanzamt grundlegend. Es sieht jetzt die stillen Teilhaber als Mitunternehmer an und die gesamten Einkünfte der stillen Gesellschaft als solche aus Gewerbebetrieb.

## Einsatzmöglichkeiten

Bei den meisten Rechtsformen – Ausnahme AG – ist eine stille Beteiligung für Investoren der beste rechtliche Rahmen: flexibel, diskret, garantierte Haftungsbegrenzung; Kontrolle und Einfluss lassen sich genau so justieren, wie Unternehmen und Investor es brauchen.

Für die Mitarbeiterbeteiligung kommt – Ausnahme bildet auch hier die AG – meistens nur eine stille Beteiligung in Betracht, falls nicht nur ein kleiner Führungszirkel betroffen ist. Andere Beteiligungsformen bringen den Mitarbeitern mehr Einsicht in die Zahlen des Unternehmens und mehr Einfluss, als im Allgemeinen erwünscht ist. Allerdings haben die Mitarbeiter auch bei der stillen Beteiligung Einblick in den Jahresabschluss, außerdem brauchen Grundlagenentscheidungen wie über den Geschäftsgegenstand ihre Zustimmung.

Diese Rechte können den Mitarbeitern nicht genommen werden, ohne dass ein wichtiger Vorteil der stillen Beteiligung gegenüber Erfolgsprämien aufs Spiel gesetzt wird:

> **!** Erfolgsprämien sind reguläres sozialversicherungspflichtiges Gehalt. Das gilt für stille Beteiligungen nur bei der Zuteilung, die Erträge dagegen, die sie für die Arbeitnehmer abwerfen, sind Einkünfte aus Kapitalvermögen. Hierfür gibt es den Sparerfreibetrag, Sozialversicherung muss nicht gezahlt werden.

Schließlich bieten stille Beteiligungen auch interessante Möglichkeiten, Familienmitglieder ins Unternehmen aufzunehmen. Neben der Steuerersparnis kann eine stille Beteiligung auch der erste Schritt sein, Nachfolger ins Unternehmen einzubinden, ohne ihnen gleich volles Mitspracherecht zu geben. Oder es lassen sich damit Kinder abfinden, die sich nicht aktiv im Unternehmen engagieren wollen, ohne dass der Bestand des Unternehmens durch Kapitalabzug gefährdet wird.

### Die Verträge

Eine bestimmte Form ist – mit Ausnahme bei der AG – für die Verträge nicht vorgeschrieben, aber wie bei allen wichtigen Vereinbarungen gilt: unbedingt schriftlich. Nur das sichert Klarheit zwischen den Beteiligten und Anerkennung durch das Finanzamt. Vor allem die Gewinnbeteiligung muss eindeutig geregelt sein. Als Grundlage bietet sich das steuerliche Bilanzergebnis an. Laufzeit und Ausstiegsregeln sind für beide Seiten wichtig: Das Unternehmen muss vor überraschendem Kapitalabzug geschützt werden, der Investor muss wissen, wann und unter welchen Bedingungen er sich zurückziehen kann. Bei Mitarbeitern muss geregelt sein, was nach ihrem Ausscheiden aus der Beteiligung wird.

## GmbH und AG: kaufen statt gründen

Bei der Ltd. ist für deutsche Unternehmer der Kauf einer fertigen Gesellschaft meist ohnehin die einzige Gründungsvariante mit vernünftigem Aufwand. Aber auch bei GmbH und AG wird es immer

beliebter, statt langer Gründungsprozeduren eine fertige Gesellschaft zu kaufen. Das geht ganz einfach: Der Käufer zahlt den Kaufpreis und bekommt die Gesellschaft ausgehändigt. Bei der GmbH müssen die Anteile vor dem Notar übertragen werden, dort wird auch die neue Geschäftsführung installiert. Bei der AG genügt der Handschlag für die Aktienübergabe. Der Notar ist jedoch für die Einsetzung des neuen Aufsichtsrats nötig. Das alles kann in 24 Stunden über die Bühne gehen. Der Käufer bekommt einen Aktenordner, in dem sämtliche Vorgänge und die Gründung dokumentiert sind, dazu ein Geschäftskonto mit dem eingezahlten Kapital. Schließlich wird alles beim Handelsregister eingereicht, einschließlich der Versicherung des neuen Geschäftsführers oder Vorstandes, dass das Kapital in der von der Satzung vorgesehenen Höhe eingezahlt ist und zu seiner freien Verfügung steht. Ab diesem Zeitpunkt ist die neu gekaufte Gesellschaft mit Haftungsschutz einsatzbereit, die Eintragung muss nicht abgewartet werden.
Solche vorgegründeten Gesellschaften oder Vorratsgründungen bieten spezialisierte Dienstleister an, oft auch Steuerberater, Wirtschaftsprüfer oder Anwälte, außerdem gibt es Anbieter, die Gesellschaften für die Abwicklung durch Notare oder Anwälte bereithalten. Im Vordergrund stehen Angebote von GmbHs und AGs, aber auch andere Rechtsformen wie KGs oder OHGs sind auf dem Markt.

## Lohnt der Kauf?

Beim Kauf wird das gesetzliche Mindestkapital – 25 000 Euro (künftig 10 000 Euro) bei der GmbH, 50 000 Euro bei der AG – fällig. Die Gründungskosten sind üblicherweise bezahlt und vom Stammkapital abgezogen, müssen also nicht zusätzlich bar aufgebracht werden. Bezahlt werden muss bei einer Fertig-Gesellschaft aber der Service. Er kostet bei der GmbH im Schnitt 2 500 Euro, bei der AG 5 000 Euro. Je nach Anbieter gibt es hier erhebliche Unterschiede. Was bekommt der Käufer dafür?

! Der wichtigste Vorteil ist für die meisten Abnehmer der sofort wirksame Haftungsschutz, der bei Neugründungen erst mit Eintragung ins Handelsregister aktiviert wird. Bis zu diesem Zeitpunkt haften die Gründer von GmbHs und AGs ohne jedes Limit mit ihrem persönlichen Vermögen. Außerdem muss in dieser Zeit der wenig Vertrauen erweckende Zusatz „i.G.“ (in Gründung) geführt werden. Beim Kauf dauert diese Risikophase nur vom Notartermin bis zur Anmeldung beim Handelsregister, das kann am selben oder am nächsten Tag geschehen.

Allerdings sind die Wartezeiten beim Handelsregister regional und sogar zwischen benachbarten Amtsgerichtsbezirken sehr unterschiedlich. Das geht von wenigen Tagen bis mehrere Monate. Entsprechend groß oder klein sind die Vorteile einer Instant-Gesellschaft. Klarheit bringt nur die Nachfrage bei einem Notar oder beim Handelsregister.
Manchmal ist auch eine Woche zu viel Zeit, vor allem wenn für ein Geschäft, das keinen Aufschub duldet, sofort eine Gesellschaft bereitstehen muss.
Viele Käufer der Fertig-Gesellschaften wollen sich auch einfach nur die Gründungsformalitäten abnehmen lassen, um ihren Kopf für ihr eigentliches Geschäft freizuhalten.

## Die Angebote vergleichen

Die Angebote unterscheiden sich im Preis. Für den Preisvergleich sollte man nicht nur auf Honorar oder Kaufpreis der Dienstleister sehen, sondern auch einen Blick auf die Gründungskosten werfen. Diese unterscheiden sich nämlich erheblich, obwohl wenigstens die Basisgebühren dafür bundesweit einheitlich gesetzlich geregelt sind. Es liegt also nahe, dass in hohen Gründungsgebühren weitere Kosten enthalten sind, die der Anbieter einstreicht.

! Das wichtigste Auswahlkriterium sind nicht die Kosten, sondern die Seriosität des Anbieters. Da darf es keinen Zweifel geben. Der Käufer muss sich darauf verlassen können, dass die Gesellschaft nach der Gründung geschäftlich absolut stillgehalten hat. Denn alle Verbindlichkeiten aus Aktivitäten der Gesellschaft erwirbt der Käufer mit. Hilfreich ist es, wenn das Testat eines Steuerberaters oder Wirtschaftsprüfers die Passivität der Gesellschaft bestätigt.

Außerdem muss der Verkäufer sich bei der Kapitaleinzahlung penibel an die Regeln halten. Die Anbieter stehen hier vor einem Problem: Sie müssen immer ein gut gefülltes Lager an Gesellschaften haben, in dem aber Millionenbeträge auf Halde liegen. Da sie das finanziell nicht verkraften können, ziehen sie das Kapital vorübergehend aus den Gesellschaften ab, etwa als Darlehen. Die Gerichte akzeptieren dies nur, wenn das Kapital vor dem Verkauf wieder eingezahlt und die Transaktion ausdrücklich als Kapitalzahlung verbucht wurde. Es genügt nicht, wenn sie etwa als Darlehensrückzahlung in den Büchern steht. Hier schützt den Käufer nur Einsicht in die Bücher, denn bei Fehlern haftet er persönlich für die Einzahlung des Kapitals.
Der Bundesgerichtshof hat in zwei Urteilen ausdrücklich klargestellt, dass der Kauf einer Vorratsgesellschaft in puncto Kapital zu behandeln ist wie eine Neugründung. Das bedeutet: Bei der Übernahme muss das Kapitel vorhanden sein, für Fehlbeträge haften die Gesellschafter persönlich. Der Unterschied zur normalen Gründung besteht darin, dass die persönliche Haftung in dem Zeitpunkt endet, in dem der Geschäftsführer beim Handelsregister die Versicherung abgibt, dass mit dem Kapital alles in Ordnung ist. Es muss also auf den Haftungsschutz nicht bis zur Eintragung gewartet werden (Az. II ZB 12/02 und II ZB 4/02).

! Ein weiteres Auswahlkriterium ist der gebotene Service: Ist der Verkäufer in der Lage, alle Schritte verständlich zu erklären, ist alles sauber und nachvollziehbar dokumentiert? Wie schnell kann er die Übertragung bewerkstelligen? Ist er bereit, den Kauf am Sitz des Käufers abzuwickeln?

## Warnung vor Sparsamkeit

Es gibt immer wieder Versuche, die Zahlung des Stammkapitals einzusparen, auch beim Kauf von Vorratsgesellschaften.

Manche Verkäufer bieten ihren Kunden an, das Kapital buchhalterisch herauszunehmen. Wie das genau funktionieren soll, ist nicht in Erfahrung zu bringen, aber eins ist sicher: Wer sich auf solche Tricks einlässt, erwirbt eine Gesellschaft mit einem kapitalen Fehler und übernimmt Haftungsrisiken, die im GmbH-Kapitel ab Seite 121 ausführlich geschildert sind. Experten warnen vor dieser Art Sparsamkeit, egal, wie seriös der Verkäufer wirkt, der sie anbietet.

Eine andere Variante des Kapitalsparens ist etwas außer Mode gekommen, kommt aber noch vor: der Verkauf von gebrauchten Gesellschaften. Dabei geht es um GmbHs oder AGs, die früher aktiv waren, ihre Geschäfte inzwischen aber eingestellt und ihr Kapital verbraucht haben. Folglich muss der Käufer eines solchen „Gesellschaftsmantels" für das Kapital auch nicht zahlen. Die Sache hat gleich zwei Haken. Zum einen kann auch der seriöseste Verkäufer keine Garantie dafür geben, dass es nicht irgendwelche Verbindlichkeiten aus den früheren Geschäften gibt, für welche die Gesellschaft auch nach dem Kauf weiter haftet. Es nützt dem Käufer überhaupt nichts, dass die Bücher vielleicht sauber sind. Zum anderen wird die Eintragung eines solchen Kaufs wie eine Neugründung behandelt, das steht nach den neueren Entscheidungen des Bundesgerichtshofs endgültig fest und heißt: Das von der Satzung vorgeschriebene Kapital muss tatsächlich aufgebracht werden, es genügt nicht einmal das gesetzlich vorgeschriebene Mindestkapital. Fazit: Kein Kapital gespart und auch noch ein Altlastenrisiko eingekauft, kein gutes Geschäft.

# Stichwortverzeichnis